W0467643

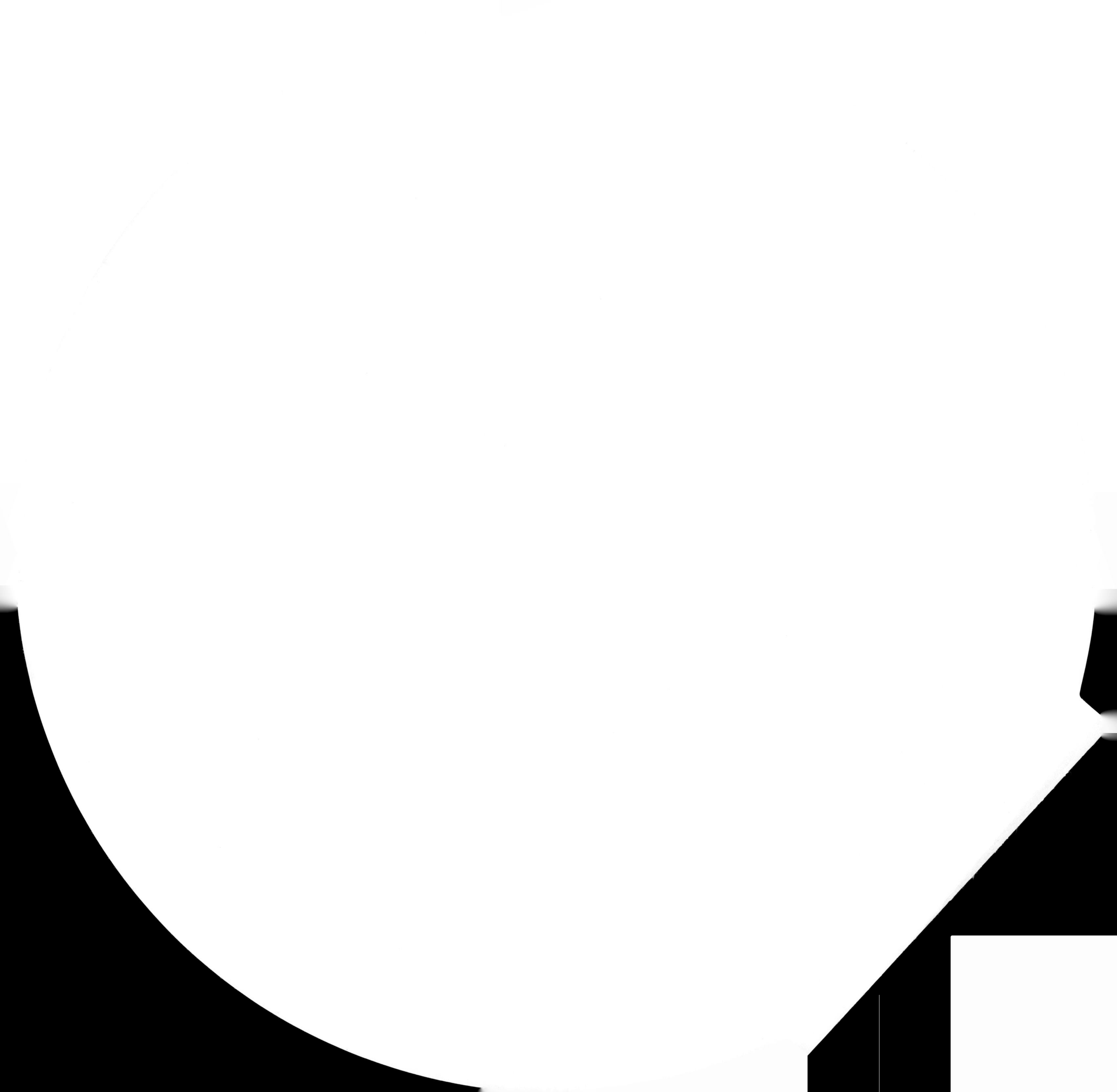

SUSHIS

Édition originale

McRae Publishing Ltd, Londres
info@macraepublishing.co.uk
www.mcraepublishing.co.uk

Textes : Carla Bardi

© 2014 McRae Books Srl

Toute reproduction ou représentation intégrale ou partielle, par quelque procédé que ce soit, du texte et/ou de la nomenclature contenus dans cet ouvrage, et qui sont la propriété de l'éditeur, est strictement interdite.

Édition française

Direction de la publication : Isabelle Jeuge-Maynart et Ghislaine Stora
Direction éditoriale : Agnès Busière
Coordination éditoriale : Ewa Lochet
Traduction : Martine Lizambard
Mise en page : Audrey Hette

© Larousse 2015, pour l'édition française

ISBN : 978-2-03-588050-5

Imprimé en Chine
Dépôt légal : mai 2015
316066/01 – décembre 2014

SUSHIS

50 recettes
d'Arkane « Kinsan » Ikuei,
maître sushi

LAROUSSE
21 rue du Montparnasse 75283 Paris Cedex 06

LE SUSHI, SAVOUREUSE RECETTE SANTÉ

Inventé il y a près de 2 000 ans dans le Sud-Est asiatique, le sushi était à l'origine du poisson salé enveloppé de riz fermenté qui assurait sa conservation ; seul le poisson était consommé, le riz étant jeté. Introduits au Japon il y a 1 600 ans, les sushis n'ont cessé d'évoluer depuis pour aboutir aux recettes très variées connues aujourd'hui. Loin de sa première utilisation, le riz collant délicatement vinaigré est devenu l'élément central du sushi. Les sushis actuels sont essentiellement composés de ce riz bien particulier entourant d'autres aliments ou, au contraire, placé à l'intérieur du sushi, roulé avec la garniture ou tout simplement posé dessus. Presque tout ce qui est comestible peut entrer dans la composition des sushis : des poissons et des omelettes traditionnelles japonaises aux saveurs tendance de la cuisine fusion.

Vous trouverez dans ce livre plus de 50 recettes de sushis, la plupart très classiques comme les makis au thon et au shiso (page 28), les sushis pressés au maquereau (page 82) ou les sushis chirashi printaniers (page 114). Nous y avons ajouté des recettes d'aujourd'hui, comme les sushis futomaki végétariens au riz complet (page 38), les sushis inversés de Seattle (page 48) ou les sushis cornets méditerranéens (page 72) pour les plus aventureux. En fin d'ouvrage, vous trouverez aussi quatre recettes de sashimis (des plats de poisson cru), qui s'accordent très bien avec nombre de sushis.

Les ingrédients pour réaliser vos sushis sont accessibles en partie au rayon « produits du monde » des supermarchés. Pour trouver certains produits très particuliers, comme le shiso (une plante dont on utilise les feuilles, à la saveur prononcée rappelant celle de la coriandre), il vous faudra pousser les portes d'une épicerie asiatique, voire japonaise.

Pour faire un repas de sushis, nous vous conseillons d'en préparer deux ou trois variétés différentes, en associant par exemple des sushis roulés avec des inari et des nigiri. Assurez-vous d'avoir assez de temps pour composer de belles assiettes présentées comme le suggèrent les recettes, ou soyez créatifs et improvisez vos propres décors pour obtenir les plus beaux effets.

Page ci-contre :
Hiroshige (1797-1858), ***Bol de sushis.***

POUR 4 À 6 PERSONNES
PRÉPARATION : 15 MIN + REPOS : 45 MIN À 1 H 15
+ CUISSON : 10 MIN

400 g de riz à sushi japonais • 8 cuill. à soupe de vinaigre de riz japonais • 3 cuill. à soupe de sucre • 1 ½ cuill. à café de sel • 1 morceau de kombu d'environ 5 cm x 7 cm (facultatif)

PRÉPARER DU RIZ VINAIGRÉ

1 Dans une petite casserole, mélangez le vinaigre de riz, le sucre et le sel et faites chauffer doucement en remuant de temps en temps jusqu'à ce que le sucre soit dissous. Retirez du feu et laissez reposer de 30 minutes à 1 heure.

2 Mettez le riz dans un grand saladier, recouvrez-le d'eau froide et lavez-le en le remuant à la main, sous le robinet, jusqu'à ce que l'eau qui remonte soit parfaitement claire. Cela prend 3 ou 4 minutes.

3 Versez le riz et l'eau dans une casserole de taille moyenne et laissez-le reposer de 30 minutes à 1 heure.

Le **riz à sushi** japonais est un riz à grains ronds, légèrement collant une fois cuit. Pour obtenir les meilleurs résultats, vérifiez toujours l'appellation « riz à sushi ».
N'utilisez que du vinaigre de riz japonais, plus sucré et bien moins acide que nos vinaigres de vin.

Le ***kombu*** est une algue que l'on trouve sous forme sèche dans les épiceries asiatiques, les magasins bio et sur Internet. Il parfume très agréablement le riz.

4 Si vous utilisez du *kombu* (qui donnera un goût unique au riz), donnez quelques coups de ciseaux dans le morceau d'algue avant de l'ajouter dans la casserole pour que sa saveur se diffuse pendant la cuisson.

5 Posez la casserole sur un feu moyen à vif, couvrez et portez à ébullition. Baissez le feu et faites cuire 10 minutes à petits bouillons. Retirez du feu et laissez reposer 15 minutes à couvert. Jetez les morceaux de *kombu*.

6 Versez le riz dans un plat large et peu profond. Arrosez-le avec le vinaigre assaisonné et mélangez délicatement avec une cuillère en bois pour ne pas écraser les grains. Remuez doucement pendant le refroidissement, jusqu'à ce que le riz soit collant et prenne un aspect glacé.

Si vous n'utilisez pas le riz immédiatement après l'avoir préparé, couvrez-le d'un linge humide ou de film alimentaire et placez-le dans un endroit frais. Évitez le réfrigérateur, car le riz durcirait.

PRÉPARER DU RIZ COMPLET VINAIGRÉ

POUR 4 À 6 PERSONNES
PRÉPARATION : 15 MIN + REPOS : 45 MIN À 1 H 15
+ CUISSON : 40 MIN

400 g de riz complet à grains ronds • 8 cuill. à soupe de vinaigre de riz japonais • 4 cuill. à soupe de miel • 1 ½ cuill. à café de sel

1 Lavez le riz quelques secondes sous l'eau froide dans un grand saladier. Le riz complet n'a pas besoin d'être rincé autant que le riz blanc.

2 Versez le riz et l'eau dans une casserole de taille moyenne et laissez reposer de 30 minutes à 1 heure.

3 Posez la casserole sur un feu moyen à vif, couvrez et portez à ébullition. Baissez le feu et faites cuire 40 minutes. Retirez du feu.

Le **riz à sushi** est un riz blanc à grains ronds. Le **riz complet** n'est pas traditionnel et peut être plus difficile à rendre suffisamment collant pour réaliser certaines recettes. Il est plus adapté aux sushis roulés, surtout à ceux dont l'algue se trouve à l'extérieur. Cependant, le riz complet est plus savoureux et plus nourrissant ; avec un peu d'habitude, vous obtiendrez de très bons résultats.

4 Pendant la cuisson du riz, fouettez le vinaigre de riz avec le miel et le sel jusqu'à ce qu'ils soient bien mélangés.

5 Versez le riz chaud dans un plat large et peu profond. Arrosez-le avec le vinaigre assaisonné et mélangez délicatement avec une cuillère en bois pour ne pas écraser les grains. Remuez doucement le riz pendant le refroidissement, jusqu'à ce qu'il soit collant et que les grains prennent un aspect glacé.

6 Si vous n'utilisez pas le riz aussitôt après l'avoir préparé, couvrez-le d'un linge humide ou de film alimentaire et placez-le dans un endroit frais. Évitez le réfrigérateur, car le riz durcirait.

MAKIS AU THON

POUR 4 ROULEAUX (32 MAKIS)

PRÉPARATION : 30 MIN + TEMPS DE PRÉPARATION DU RIZ

250 g de filet de thon extra frais • 4 feuilles de nori • 1 portion de riz vinaigré (recette page 6) • wasabi en pâte • 1 petit concombre, avec la peau, coupé dans la longueur en 4 ou 8 bandes • 4 ciboules épluchées (ou tiges d'oignons nouveaux) • sauce soja, pour servir

POUR L'EAU VINAIGRÉE

1 ou 2 cuill. à soupe de vinaigre de riz • 25 cl d'eau froide

PRÉPARER DES SUSHIS ROULÉS

1 Préparez l'eau vinaigrée : mélangez le vinaigre et l'eau dans un petit bol.

2 Coupez le filet de thon en bandes larges d'environ 1 cm. Essayez d'obtenir 4 bandes de 20 cm de long. Si elles sont plus courtes, vous pourrez les mettre bout à bout en faisant les rouleaux.

3 Recouvrez la natte à sushi en bambou de film alimentaire et déposez 1 feuille de nori sur le film, côté brillant vers le bas. La trame de la feuille de nori doit être disposée horizontalement, dans le sens des tiges de bambou de la natte.

4 Trempez le bout de vos doigts dans l'eau vinaigrée. Prenez 2 petites poignées de riz, posez-les au centre de la feuille de nori, puis étalez-les du bout des doigts en une couche régulière. Laissez une bande libre de 2,5 cm en haut de la feuille de nori.

Il existe trois sortes de sushis roulés : les petits sushis roulés (*hosomaki*), les gros sushis roulés (*futomaki*) et les sushis inversés (*uramaki*). Les recettes de ces trois sortes de sushis figurent dans ce livre (pages 12 et 24 à 59).

5 Étalez une petite quantité de wasabi en traçant une ligne au milieu du riz. Recouvrez-le de bandes de thon, de concombre et de ciboule.

6 En maintenant la garniture avec les doigts, rabattez la natte sur le thon ; roulez-la en enlevant les doigts jusqu'à ce que la feuille de nori rejoigne la bande laissée découverte.

7 Soulevez légèrement la natte et continuez à rouler l'ensemble ; l'humidité du riz va coller les bords de la feuille de nori et fermer le rouleau.

8 Retirez-le délicatement de la natte à sushi pour préparer les suivants.

9 Humidifiez la lame d'un couteau avec de l'eau vinaigrée. Posez les rouleaux sur une planche à découper et tranchez-les en deux, puis en quatre et enfin en huit.

10 Disposez les sushis sur des assiettes individuelles et servez-les avec une coupelle de sauce soja.

PRÉPARER DES SUSHIS INVERSÉS

SUSHIS ROULÉS CALIFORNIENS

POUR 4 ROULEAUX (32 SUSHIS)

PRÉPARATION : 30 MIN + TEMPS DE PRÉPARATION DU RIZ

4 feuilles de nori • 1 portion de riz vinaigré (recette page 6) • 2 cuill. à soupe de graines de sésame blanc • 2 cuill. à soupe de mayonnaise • 150 g de bâtonnets de surimi au crabe émiettés • 1 avocat pelé, dénoyauté et coupé en tranches de 1 cm d'épaisseur • ½ poivron jaune débarrassé de ses graines et coupé en bandes de 1 cm de large • sauce soja et gingembre au vinaigre, pour servir

POUR L'EAU VINAIGRÉE

1 ou 2 cuill. à soupe de vinaigre de riz • 25 cl d'eau froide

1 Préparez l'eau vinaigrée : mélangez le vinaigre et l'eau dans un petit bol.

2 Recouvrez la natte à sushi en bambou de film alimentaire.

3 Posez 1 feuille de nori sur le film. Dans le cas des sushis inversés, il n'est pas nécessaire de placer le côté brillant vers le bas, car la feuille de nori ne sera pas visible. La trame de la feuille de nori doit cependant être disposée horizontalement, dans le sens des tiges de bambou de la natte.

4 Trempez le bout de vos doigts dans l'eau vinaigrée. Prenez 2 petites poignées de riz, posez-les au centre de la feuille de nori, puis étalez-les du bout des doigts en une couche régulière. Laissez une bande libre de 2,5 cm en haut de la feuille de nori.

Les **sushis inversés** ont été créés en Californie dans les années 1960 par des chefs japonais pour leurs clients américains qui n'aimaient pas voir les feuilles de nori, jugées caoutchouteuses. Ces sushis inversés figurent aujourd'hui parmi les plus populaires et sont servis dans le monde entier.

Vous trouverez en pages 46 à 53 et 56 à 59 d'autres recettes de sushis inversés.

5 Parsemez uniformément le riz de ½ cuillerée à soupe de graines de sésame. Appuyez du bout des doigts pour les faire bien adhérer.

6 Retournez la feuille de nori d'un coup sur la natte, en opérant rapidement.

7 Étalez ½ cuillerée à soupe de mayonnaise en ligne au milieu de la feuille de nori. Posez le surimi, les lamelles d'avocat et les bandes de poivron dessus.

8 En maintenant la garniture avec les doigts, commencez à rabattre le côté de la natte le plus proche de vous sur la garniture ; roulez-la en enlevant les doigts jusqu'à ce que la feuille de nori rejoigne la bande laissée découverte. Soulevez légèrement la natte et continuez à rouler l'ensemble ; l'humidité du riz va coller les bords de la feuille de nori et fermer le rouleau. Retirez-le délicatement de la natte pour préparer les suivants.

9 Humidifiez la lame d'un couteau avec de l'eau vinaigrée. Posez un rouleau sur une planche à découper et coupez-le en deux, puis en quatre et enfin en huit. Répétez l'opération avec les autres rouleaux.

10 Disposez les sushis sur des assiettes individuelles et servez-les avec la sauce soja et le gingembre au vinaigre.

SUSHIS CORNETS AUX CREVETTES

POUR 8 CORNETS • PRÉPARATION : 20 MIN + TEMPS DE PRÉPARATION DU RIZ

500 g de crevettes cuites, décortiquées • 8 cuill. à soupe de mayonnaise épicée (voir p. 18) • 4 feuilles de nori • 1 portion de riz vinaigré (voir p. 6) • wasabi en pâte • 1 avocat pelé, coupé dans la longueur en fines lamelles • 1 petit concombre, avec la peau, coupé en bandes fines • 5 cuill. à soupe d'œufs de poisson orangés • 2 oignons nouveaux finement émincés • 2 cuill. à soupe de graines de sésame blanc • 2 cuill. à soupe de graines de sésame noir

PRÉPARER DES SUSHIS CORNETS

1 Hachez les crevettes et mélangez-les avec la mayonnaise.

2 Coupez les feuilles de nori en deux, dans le sens inverse des fibres.

3 Prenez une demi-feuille de nori, côté brillant vers le bas. Étalez 2 cuillerées à soupe de riz sur la moitié de la feuille. Appliquez un peu de wasabi, puis posez, en diagonale, un peu des crevettes hachées et des autres ingrédients. Parsemez de ½ cuillerée à soupe de graines de sésame noir ou blanc.

4 Posez la feuille de nori garnie sur une planche propre et sèche, et roulez-la en formant un cornet. Mouillez légèrement le coin de la feuille et pressez-la pour souder le cornet. Répétez l'opération pour faire 8 cornets.

5-6 Disposez les cornets sur des assiettes. Garnissez de gingembre, de mayonnaise, de flocons de poivron rouge. Servez avec de la sauce soja.

Reportez-vous aux pages 72 à 81 pour d'autres recettes de sushis cornets.

SUSHIS BOULES À L'AVOCAT

POUR 30 SUSHIS • PRÉPARATION : 30 MIN + TEMPS DE PRÉPARATION DU RIZ

1 portion de riz vinaigré (recette page 6) • 3 cuill. à soupe de graines de sésame noir • 3 cuill. à soupe de graines de sésame blanc • 3 cuill. à soupe d'amandes effilées grillées, hachées • 4 oignons nouveaux finement hachés • 1 avocat pelé, dénoyauté, coupé en fines lamelles • wasabi en pâte, pour servir

POUR L'EAU VINAIGRÉE 1 ou 2 cuill. à soupe de vinaigre de riz • 25 cl d'eau froide

PRÉPARER DES SUSHIS BOULES

1 Préparez l'eau vinaigrée : mélangez le vinaigre et l'eau dans un petit bol.

2 Dans un bol, mélangez le riz vinaigré, toutes les graines de sésame, les amandes et les oignons.

3 Découpez 30 carrés de 15 cm de côté dans du film alimentaire. Prenez un carré de film dans la main et posez 1 tranche d'avocat au centre. Trempez le bout de vos doigts dans l'eau vinaigrée. Prenez 1 petite poignée de riz (environ 1 cuillerée à soupe), pressez-la en boule et posez-la sur l'avocat.

4 Joignez les quatre coins du film alimentaire, enveloppez la boule et serrez le film en tournant pour la comprimer. Répétez l'opération pour former les autres boules.

5-6 Retirez le film avant de disposer les sushis boules sur les assiettes. Servez avec un peu de wasabi.

Reportez-vous aux pages 96 à 101 pour d'autres recettes de sushis boules.

SUSHIS NIGIRI AUX ASPERGES ET AU SAUMON FUMÉ

POUR 24 SUSHIS

PRÉPARATION : 30 MIN + TEMPS DE PRÉPARATION DU RIZ + CUISSON : 1 OU 2 MIN

2 feuilles de nori • 42 petites asperges vertes bien épluchées • 1 portion de riz vinaigré (recette page 6) • wasabi en pâte • 250 g de saumon fumé en tranches fines, coupées et roulées aux dimensions des quenelles de riz • sel

POUR L'EAU VINAIGRÉE

1 ou 2 cuill. à soupe de vinaigre de riz • 25 cl d'eau froide

PRÉPARER DES SUSHIS NIGIRI

1 Préparez l'eau vinaigrée : mélangez le vinaigre et l'eau dans un petit bol.

2 Coupez les feuilles de nori en bandes de 1 cm de large avec des ciseaux de cuisine.

3 Faites cuire les asperges 1 ou 2 minutes dans un grand volume d'eau bouillante légèrement salée. Elles doivent être tendre, mais encore un peu croquantes. Égouttez-les bien.

Reportez-vous aux pages 60 à 71 pour d'autres recettes de sushis nigiri.

Le **sushi nigiri** est préparé à partir d'une poignée de riz façonnée à la main en forme de quenelle. On étale ensuite une petite quantité de wasabi (ou une autre épice) sur le riz avant de le recouvrir de poisson, d'omelette ou de légumes. Cette garniture est parfois attachée à la quenelle de riz avec une petite bande d'algue nori.

4 Trempez le bout de vos doigts dans l'eau vinaigrée pour qu'ils ne collent pas au riz. Prenez 1 poignée de riz (environ 2 cuillerées à soupe) dans la paume de la main et façonnez-la en forme de quenelle. Étalez un peu de wasabi sur le riz.

5 Posez 2 asperges sur le riz, puis 1 tranche de saumon roulée.

6-7 Entourez le tout d'une bande de feuille de nori en pressant ses extrémités avec une goutte d'eau pour les coller. Répétez l'opération avec le reste des ingrédients et servez.

PRÉPARER DES SUSHIS BATEAUX

SUSHIS BATEAUX AUX CREVETTES

POUR 24 SUSHIS

PRÉPARATION : 30 MIN + TEMPS DE PRÉPARATION DU RIZ + CUISSON : 3 OU 4 MIN

4 feuilles de nori • 75 g de petits pois surgelés • 1 carotte taillée en tout petits dés • 150 g de petites crevettes roses cuites, décortiquées • 6 cuill. à soupe de mayonnaise épicée • 1 portion de riz vinaigré (recette page 6) • sel • sauce soja et wasabi en pâte, pour servir

POUR L'EAU VINAIGRÉE

1 ou 2 cuill. à soupe de vinaigre de riz • sel • 25 cl d'eau froide

1

1 Préparez l'eau vinaigrée : mélangez le vinaigre et l'eau dans un petit bol.

2

2 Coupez chaque feuille de nori en 6 bandes égales. Faites cuire les petits pois et la carotte 3 ou 4 minutes à l'eau bouillante légèrement salée, jusqu'à ce qu'ils soient tendres. Égouttez. Hachez grossièrement les crevettes et mélangez-les dans un bol avec la mayonnaise épicée, les petits pois et la carotte.

3

3 Trempez le bout de vos doigts dans l'eau vinaigrée et égouttez l'excès d'eau. Prenez 1 poignée de riz vinaigré (environ 2 cuillerées à soupe) dans la main et façonnez-la en forme de quenelle.

La **mayonnaise épicée** entre dans la composition de nombreux sushis. Vous pouvez l'acheter toute prête ou la préparer vous-même en mélangeant de la mayonnaise avec une sauce aux piments comme la sauce sriracha (ou, à défaut, la sauce thaïe).

Le **sushi bateau**, appelé au Japon *gunkanmaki* (littéralement « bateau de guerre »), est une forme particulière de sushi nigiri, les sushis formés à la main. On peut remplir les sushis bateaux de toutes sortes de garnitures : œufs de poisson, grains de maïs, œufs durs de caille, huîtres, saumon fumé haché, entre autres.

4 Enroulez 1 bande de feuille de nori autour d'une quenelle de riz. Posez 1 ou 2 grains de riz sur l'une des extrémités de la bande et pressez-la fermement sur l'autre. Le riz va coller la bande de nori, qui formera un cerclage résistant.

5 La bande de nori doit être plus haute que la quenelle de riz pour permettre de déposer la garniture. Préparez tous les sushis de la même manière et remplissez-les du mélange aux crevettes avec une petite cuillère.

6 Disposez les sushis bateaux sur le plat de service. Servez avec de la sauce soja et du wasabi.

PRÉPARER DES SUSHIS PRESSÉS

Pour les recettes de sushis pressés, il vous faut un moule à sushis en bois d'environ 18 cm x 5 cm. Trempez le moule dans de l'eau au moins 30 minutes avant utilisation. Les moules à sushis en plastique commercialisés aujourd'hui n'ont pas besoin d'être trempés.

1 Démontez le moule à sushis et mettez-le à tremper dans de l'eau froide pendant au moins 30 minutes.

2 Recouvrez la base du moule d'une couche de tranches de citron vert en les faisant se chevaucher légèrement.

3 Étalez un tiers du saumon fumé sur les rondelles de citron. Appliquez de petites touches de wasabi çà et là. Recouvrez le saumon avec un tiers du riz vinaigré.

SUSHIS PRESSÉS AU SAUMON FUMÉ ET AU CITRON VERT

POUR 24 SUSHIS

PRÉPARATION : 20 MIN + TEMPS DE PRÉPARATION DU RIZ

1 citron vert non traité, coupé en deux et très finement tranché • 250 g de saumon fumé • wasabi en pâte • 1 portion de riz vinaigré (recette page 6) • gingembre au vinaigre et feuilles fraîches de shiso (rouge ou vert), pour servir

Ce type de sushis est connu au Japon sous le nom d'oshizushi, ce qui signifie « **sushi pressé** » ou « sushi en boîte ».
Vous trouverez d'autres recettes de sushis pressés en pages 82 à 89.

4 Moulez le sushi en appliquant le couvercle du moule sur le riz et en pressant bien.

5 Retournez le moule sur un plan de travail propre et sec, retirez le couvercle et démontez le moule.

6 Découpez le bloc en 8 morceaux de taille égale. Répétez l'opération avec les ingrédients restants pour obtenir au total 24 sushis.

7 Disposez les sushis sur des assiettes avec le gingembre au vinaigre et les feuilles de shiso. Servez.

PRÉPARER DES SUSHIS INARI

SUSHIS INARI AUX CHAMPIGNONS

PRÉPARATION : 30 MIN + TEMPS DE PRÉPARATION DU RIZ + CUISSON : 12 MIN

POUR 12 SUSHIS

POUR LES POCHES DE TOFU

6 rectangles de tofu frit (abura-age) • 40 cl de bouillon dashi au kombu (voir page 102) • 3 cuill. à soupe de sucre brun • 2 cuill. à soupe de saké • 2 cuill. à soupe de mirin • 4 cuill. à soupe de sauce soja

POUR LA GARNITURE

24 chapeaux de shiitakés coupés en fines lamelles • 3 cuill. à soupe de sauce soja • 1 portion de riz vinaigré (recette page 6)

1 Préparez les poches de tofu. Plongez les rectangles de tofu frit 2 minutes dans une casserole d'eau bouillante. Égouttez-les, puis épongez-les avec du papier absorbant pour en enlever l'huile.

2 Faites bouillir le bouillon dashi dans une casserole sur feu moyen à vif. Ajoutez le sucre, le saké, le mirin et la sauce soja, puis baissez le feu. Ajoutez les rectangles de tofu et faites cuire 10 minutes à petits bouillons. Ôtez du feu et laissez refroidir le tofu dans le bouillon.

3 Sortez les rectangles de tofu de la casserole, pressez-les pour exprimer tout le liquide et coupez-les en deux de manière à obtenir 12 poches.

Les **sushis inari** sont préparés en glissant le riz dans des poches de tofu frit (*abura-age*). Il faut cuire les poches avant de les garnir de riz nature ou assaisonné.

Essayez ces sushis inari aux champignons ou reportez-vous aux autres recettes de sushis inari des pages 102 à 107.

4

5

6

7

4 Préparez la garniture. Mettez les champignons dans une poêle avec la sauce soja. Faites-les cuire 3 ou 4 minutes à feu moyen, jusqu'à ce qu'ils soient tendres.

5 Gardez quelques belles lamelles de champignons pour le décor. Mélangez toutes les autres au riz.

6 Remplissez complètement les poches de tofu avec le mélange de riz et de champignons, puis posez une lamelle de champignon sur chaque poche.

7 Disposez les sushis sur des assiettes. Servez avec la sauce soja dans des coupelles.

POUR 4 ROULEAUX (24 MAKIS)
PRÉPARATION : 20 MIN + TEMPS DE PRÉPARATION DU RIZ

2 feuilles de nori • ½ portion de riz vinaigré (recette page 6) • 2 cuill. à soupe de mayonnaise épicée (voir page 18) • 1 concombre moyen, avec la peau, taillé en bâtonnets de 7 mm de long • 2 carottes moyennes, pelées, taillées en bâtonnets de 7 mm de long

POUR L'EAU VINAIGRÉE

1 ou 2 cuill. à soupe de vinaigre de riz • 25 cl d'eau froide

POUR SERVIR

feuilles de shiso fraîches • bâtonnets de carotte • bâtonnets de concombre • sauce pimentée • mayonnaise épicée

MAKIS À LA CAROTTE ET AU CONCOMBRE

1 Préparez l'eau vinaigrée en mélangeant le vinaigre et l'eau dans un petit bol.

2 Avec des ciseaux, coupez les feuilles de nori en deux, perpendiculairement au sens des fibres.

3 Recouvrez une natte à sushi de film alimentaire, puis posez une demi-feuille de nori sur la partie inférieure, la face brillante vers le bas.

4 Trempez vos doigts dans l'eau vinaigrée. Prenez 1 petite poignée de riz, posez-la au centre de la feuille de nori, puis étalez le riz du bout des doigts, en laissant une bande libre de 2,5 cm sur le bord le plus éloigné de vous.

5 Étalez ½ cuillerée à soupe de mayonnaise épicée sur le riz, en traçant une ligne au milieu. Recouvrez-la de bâtonnets de concombre et de carotte.

6 Maintenez les légumes avec les doigts, relevez le bord de la natte le plus proche de vous et repliez-le sur la garniture. Retirez vos doigts et roulez jusqu'à ce que les deux bords de la feuille de nori se rejoignent. L'humidité du riz va les coller et fermer le rouleau. Enroulez en soulevant la natte au fur et à mesure pour la détacher de la feuille de nori.

7 Retirez délicatement le rouleau de la natte. Confectionnez ensuite les autres rouleaux.

8 Posez un rouleau sur une planche à découper propre et sèche. Humidifiez la lame d'un couteau tranchant avec de l'eau vinaigrée et coupez le rouleau en deux.

9 Placez les deux moitiés côte à côte sur la planche. Humidifiez de nouveau la lame du couteau et recoupez les demi-rouleaux ensemble en 3 morceaux pour obtenir 6 bouchées identiques. Répétez l'opération avec les autres rouleaux.

10 Disposez les sushis sur un plat garni de feuilles de shiso. Décorez de quelques bâtonnets de carotte et de concombre, d'un peu de sauce pimentée et de mayonnaise épicée avant de servir.

Si vous avez aimé cette recette, essayez les makis au riz complet et au concombre, page 26.

MAKIS AU RIZ COMPLET ET AU CONCOMBRE

POUR 4 ROULEAUX (24 MAKIS)
PRÉPARATION : 20 MIN + TEMPS DE PRÉPARATION DU RIZ

2 feuilles de nori • ½ portion de riz complet vinaigré (recette page 8) • wasabi en pâte • 1 petit concombre, avec la peau, coupé en 4 ou en 8 dans la longueur

POUR L'EAU VINAIGRÉE

1 ou 2 cuill. à soupe de vinaigre de riz • 25 cl d'eau froide

POUR SERVIR

morceaux de concombre • persil plat • wasabi en pâte • sauce soja

1 Préparez l'eau vinaigrée en mélangeant le vinaigre et l'eau dans un petit bol.

2 Avec des ciseaux, coupez les feuilles de nori en deux, perpendiculairement au sens des fibres.

3 Recouvrez une natte à sushi de film alimentaire, puis posez une demi-feuille de nori sur la partie inférieure, la face brillante vers le bas.

4 Trempez vos doigts dans l'eau vinaigrée. Prenez 1 petite poignée de riz, posez-la au centre de la feuille de nori, puis étalez le riz du bout des doigts, en laissant une bande libre de 2,5 cm sur le bord le plus éloigné de vous.

5 Étalez du wasabi sur le riz, en traçant une ligne au milieu. Recouvrez-le d'un quart des bâtonnets de concombre.

6 Maintenez les légumes avec les doigts, relevez le bord de la natte le plus proche de vous et repliez-le sur la garniture. Retirez vos doigts et roulez jusqu'à ce que les deux bords de la feuille de nori se rejoignent. L'humidité du riz va les coller et fermer le rouleau. Enroulez en soulevant la natte au fur et à mesure pour la détacher de la feuille de nori.

7 Retirez délicatement le rouleau de la natte. Confectionnez ensuite les autres rouleaux.

8 Posez un rouleau sur une planche à découper propre et sèche. Humidifiez la lame d'un couteau tranchant avec de l'eau vinaigrée et coupez le rouleau en deux.

9 Placez les deux moitiés côte à côte sur la planche. Humidifiez de nouveau le couteau et recoupez les demi-rouleaux ensemble en 3 morceaux pour obtenir 6 bouchées identiques. Répétez l'opération avec les autres rouleaux.

10 Disposez les sushis sur un plat. Décorez de morceaux de concombre, de persil et de wasabi. Accompagnez de sauce soja.

Si vous avez aimé cette recette, essayez les makis au riz complet et au saumon, page 32.

POUR 4 ROULEAUX (24 MAKIS)
PRÉPARATION : 20 MIN + TEMPS DE PRÉPARATION DU RIZ

180 g de filet de thon extra frais • 2 feuilles de nori • ½ portion de riz vinaigré (recette page 6) • wasabi en pâte • 1 poignée de feuilles de shiso fraîches • gingembre au vinaigre, découpes de concombre et de carotte, et wasabi en pâte, pour servir

POUR L'EAU VINAIGRÉE

1 ou 2 cuill. à soupe de vinaigre de riz • 25 cl d'eau froide

MAKIS AU THON ET AU SHISO

1 Préparez l'eau vinaigrée en mélangeant le vinaigre et l'eau dans un petit bol.

2 Coupez le thon en lamelles de 1 ou 2 cm de large et, si possible, de 20 cm de long. Si elles sont plus courtes, vous pourrez les mettre bout à bout en faisant les rouleaux.

3 Avec des ciseaux, coupez les feuilles de nori en deux, perpendiculairement au sens des fibres.

4 Recouvrez une natte à sushi de film alimentaire, puis posez une demi-feuille de nori sur la partie inférieure, la face brillante vers le bas.

5 Trempez vos doigts dans l'eau vinaigrée. Prenez 1 petite poignée de riz, posez-la au centre de la feuille de nori, puis étalez le riz du bout des doigts, en laissant une bande libre de 2,5 cm sur le bord le plus éloigné de vous.

6 Mettez un peu de wasabi sur le bout du doigt et étalez-le sur le riz, en traçant une ligne au milieu. Posez 1 ou 2 feuilles de shiso dessus.

7 Placez 1 bande de thon sur le wasabi et le shiso.

8 Maintenez-le avec les doigts, relevez le bord de la natte le plus proche de vous et repliez-le sur la garniture. Retirez vos doigts et roulez jusqu'à ce que les deux bords de la feuille de nori se rejoignent. L'humidité du riz va les coller et fermer le rouleau. Enroulez en soulevant la natte au fur et à mesure pour la détacher de la feuille de nori.

9 Retirez délicatement le rouleau de la natte. Confectionnez ensuite les autres rouleaux.

10 Posez un rouleau sur une planche à découper propre et sèche. Humidifiez la lame d'un couteau tranchant avec de l'eau vinaigrée et coupez le rouleau en deux.

11 Placez les deux moitiés côte à côte sur la planche. Humidifiez de nouveau le couteau et recoupez les demi-rouleaux ensemble en 3 morceaux pour obtenir 6 bouchées identiques. Répétez l'opération avec les autres rouleaux.

12 Disposez les sushis sur un plat avec le gingembre, le concombre, la carotte et vinaigre et le wasabi.

• Si vous avez aimé cette recette, essayez les sushis futomaki au thon et aux oignons nouveaux, page 36.

POUR 4 ROULEAUX (24 MAKIS)
PRÉPARATION : 20 MIN + TEMPS DE PRÉPARATION DU RIZ

2 feuilles de nori • ½ portion de riz vinaigré (recette page 6) • 4 cuill. à soupe de mayonnaise épicée (voir page 18) • 16 à 20 brins de ciboulette • 150 g de chair de crabe en conserve égouttée ou de surimi émietté

POUR L'EAU VINAIGRÉE

1 ou 2 cuill. à soupe de vinaigre de riz • 25 cl d'eau froide

POUR SERVIR

mayonnaise épicée • zestes de citron • graines de sésame noir • feuilles de shiso fraîches (facultatif)

MAKIS AU CRABE ET À LA CIBOULETTE

1 Préparez l'eau vinaigrée en mélangeant le vinaigre et l'eau dans un petit bol.

2 Avec des ciseaux, coupez les feuilles de nori en deux, perpendiculairement au sens des fibres.

3 Recouvrez une natte à sushi de film alimentaire, puis posez une demi-feuille de nori sur la partie inférieure, la face brillante vers le bas.

4 Trempez vos doigts dans l'eau vinaigrée. Prenez 1 petite poignée de riz, posez-la au centre de la feuille, puis étalez le riz du bout des doigts, en laissant une bande libre de 2,5 cm sur le bord le plus éloigné de vous.

5 Étalez 1 cuillerée à soupe de mayonnaise épicée sur le riz, en traçant une ligne au milieu. Recouvrez de 4 ou 5 brins de ciboulette et d'un quart de la chair de crabe.

6 Maintenez la garniture avec les doigts, relevez le bord de la natte le plus proche de vous et repliez-le sur la garniture. Retirez vos doigts et roulez jusqu'à ce que les deux bords de la feuille de nori se rejoignent. L'humidité du riz va les coller et fermer le rouleau. Enroulez en soulevant la natte au fur et à mesure pour la détacher de la feuille de nori.

7 Retirez délicatement le rouleau de la natte. Confectionnez ensuite les autres rouleaux.

8 Posez un rouleau sur une planche à découper propre et sèche. Humidifiez la lame d'un couteau tranchant avec de l'eau vinaigrée et coupez le rouleau en deux.

9 Placez les deux moitiés côte à côte sur la planche. Humidifiez de nouveau le couteau et recoupez les demi-rouleaux ensemble en 3 morceaux pour obtenir 6 bouchées identiques. Répétez l'opération avec les autres rouleaux.

10 Disposez les sushis sur un plat. Avant de servir, décorez d'un peu de mayonnaise épicée, de zestes de citron, de graines de sésame et, si vous le souhaitez, de feuilles de shiso.

• Si vous avez aimé cette recette, essayez les sushis pressés au surimi et à l'avocat, page 88.

POUR 4 ROULEAUX (24 MAKIS)
PRÉPARATION : 30 MIN + TEMPS DE PRÉPARATION DU RIZ

2 feuilles de nori • ½ portion de riz complet vinaigré (recette page 8) • 2 cuill. à soupe de mayonnaise nature ou épicée (voir page 18) • 150 g de filet de saumon extra frais coupé en longues bandes fines • 1 botte d'aneth frais • quelques brins d'aneth et mayonnaise épicée, pour servir

POUR L'EAU VINAIGRÉE

1 ou 2 cuill. à soupe de vinaigre de riz • 25 cl d'eau froide

MAKIS AU RIZ COMPLET ET AU SAUMON

1 Préparez l'eau vinaigrée dans un petit bol en mélangeant le vinaigre et l'eau.

2 Avec des ciseaux, coupez les feuilles de nori en deux, perpendiculairement au sens des fibres.

3 Recouvrez une natte à sushi de film alimentaire, puis posez une demi-feuille de nori sur la partie inférieure, la face brillante vers le bas.

4 Trempez vos doigts dans l'eau vinaigrée. Prenez 1 petite poignée de riz, posez-la au centre de la feuille de nori, puis étalez le riz du bout des doigts, en laissant une bande libre de 2,5 cm sur le bord le plus éloigné de vous.

5 Étalez un peu de mayonnaise sur le riz, en traçant une ligne au milieu. Recouvrez-la de saumon et de quelques brins d'aneth.

6 Maintenez la garniture avec les doigts, relevez le bord de la natte le plus proche de vous et repliez-le sur la garniture. Retirez vos doigts et roulez jusqu'à ce que les deux bords de la feuille de nori se rejoignent. L'humidité du riz va les coller et fermer le rouleau. Enroulez en soulevant la natte au fur et à mesure pour la détacher de la feuille de nori.

7 Retirez délicatement le rouleau de la natte. Confectionnez les autres rouleaux.

8 Posez un rouleau sur une planche à découper propre et sèche. Humidifiez la lame d'un couteau tranchant avec de l'eau vinaigrée et coupez le rouleau en deux.

9 Placez les deux moitiés côte à côte sur la planche. Humidifiez de nouveau le couteau et recoupez les demi-rouleaux ensemble en 3 morceaux pour obtenir 6 bouchées identiques. Répétez l'opération avec les autres rouleaux.

10 Disposez les sushis sur un plat et décorez de quelques brins d'aneth et d'un peu de mayonnaise épicée avant de servir.

• Si vous avez aimé cette recette, essayez les sushis chirashi au saumon et aux champignons, page 112.

SUSHIS FUTOMAKI AU POULET TERIYAKI

POUR 4 ROULEAUX (32 SUSHIS)
PRÉPARATION : 30 MIN + TEMPS DE PRÉPARATION DU RIZ + MARINADE : 2 À 12 H + CUISSON : 8 À 10 MIN

POUR LE POULET TERIYAKI

4 cuill. à soupe de sauce soja • 4 cuill. à soupe de mirin • 2 cuill. à soupe de sucre • 350 g de blanc de poulet, sans peau

POUR LES SUSHIS

4 feuilles de nori • 1 portion de riz vinaigré (recette page 6) • 2 cuill. à café de wasabi en pâte • 2 carottes râpées • 2 petits concombres taillés en bandes longues et fines • 20 à 30 g de gingembre au vinaigre haché • gingembre au vinaigre, découpes de concombre, sauce soja, pour servir

POUR L'EAU VINAIGRÉE

1 ou 2 cuill. à soupe de vinaigre de riz • 25 cl d'eau froide

1 Préparez l'eau vinaigrée en mélangeant le vinaigre et l'eau dans un petit bol.

2 Préparez le poulet teriyaki. Portez à ébullition la sauce soja, le mirin et le sucre dans une petite casserole. Faites bouillir 2 ou 3 minutes doucement, puis retirez du feu et laissez refroidir. Mettez le poulet à mariner dans cette sauce teriyaki de 2 à 12 heures au réfrigérateur.

3 Faites griller le poulet 3 ou 4 minutes de chaque côté dans une poêle gril huilée. Laissez refroidir et taillez-le en lanières.

4 Préparez les sushis. Recouvrez une natte à sushi de film alimentaire, puis posez 1 feuille de nori sur la partie inférieure, la face brillante vers le bas.

5 Trempez vos doigts dans l'eau vinaigrée. Prenez 2 petites poignées de riz, posez-les au centre de la feuille de nori, puis étalez le riz du bout des doigts, en laissant une bande libre de 2,5 cm sur le bord le plus éloigné de vous.

6 Étalez ½ cuillerée à café de wasabi sur le riz, en traçant une ligne au milieu. Posez des lanières de poulet dessus, puis recouvrez-les de carotte, de concombre et de gingembre.

7 Maintenez le poulet avec les doigts, relevez le bord de la natte le plus proche de vous et repliez-le sur la garniture. Retirez vos doigts et roulez jusqu'à ce que les deux bords de la feuille de nori se rejoignent. L'humidité du riz va les coller et fermer le rouleau. Enroulez en soulevant la natte au fur et à mesure pour la détacher de la feuille de nori.

8 Retirez délicatement le rouleau de la natte. Confectionnez ensuite les autres rouleaux.

9 Posez un rouleau sur une planche à découper propre et sèche. Humidifiez la lame d'un couteau tranchant avec de l'eau vinaigrée et coupez le rouleau en deux. Recoupez chaque moitié en deux puis de nouveau chaque quart en deux pour obtenir 8 bouchées identiques. Répétez l'opération avec les autres rouleaux.

10 Disposez les sushis sur un plat et décorez d'un peu de gingembre et de concombre. Accompagnez de sauce soja.

Si vous avez aimé cette recette, essayez les sushis bateaux au bœuf teriyaki, page 90.

POUR 4 ROULEAUX (32 SUSHIS)
PRÉPARATION : 30 MIN + TEMPS DE PRÉPARATION DU RIZ

350 g de filet de thon extra frais (de préférence de la ventrèche) finement haché au couteau • 1 cuill. à soupe de graines de sésame noir • 3 oignons nouveaux très finement hachés • 4 feuilles de nori • 1 portion de riz vinaigré (recette page 6)

POUR L'EAU VINAIGRÉE

1 ou 2 cuill. à soupe de vinaigre de riz • 25 cl d'eau froide

POUR SERVIR

fines rondelles de concombre • spirales de carotte • sauce soja

SUSHIS FUTOMAKI AU THON ET AUX OIGNONS NOUVEAUX

1 Préparez l'eau vinaigrée en mélangeant le vinaigre et l'eau dans un petit bol.

2 Mélangez bien le thon avec les graines de sésame et les oignons.

3 Recouvrez une natte à sushi de film alimentaire, puis posez 1 feuille de nori sur la partie inférieure, la face brillante vers le bas.

4 Trempez vos doigts dans l'eau vinaigrée. Prenez 2 petites poignées de riz, posez-les au centre de la feuille de nori, puis étalez le riz du bout des doigts, en laissant une bande libre de 2,5 cm sur le bord le plus éloigné de vous.

5 Étalez un quart du thon assaisonné en une bande au milieu du riz.

6 Maintenez-le avec les doigts, relevez le bord de la natte le plus proche de vous et repliez-le sur la garniture. Retirez vos doigts et roulez jusqu'à ce que les deux bords de la feuille de nori se rejoignent. L'humidité du riz va les coller et fermer le rouleau. Enroulez en soulevant la natte au fur et à mesure pour la détacher de la feuille de nori.

7 Retirez délicatement le rouleau de la natte. Confectionnez ensuite les autres rouleaux.

8 Posez un rouleau sur une planche à découper propre et sèche. Humidifiez la lame d'un couteau tranchant avec de l'eau vinaigrée et coupez le rouleau en deux. Recoupez chaque moitié en deux, puis de nouveau chaque quart en deux pour obtenir 8 bouchées identiques. Répétez l'opération avec les autres rouleaux.

9 Disposez les sushis sur un plat et décorez de fines rondelles de concombre et de spirales de carotte. Accompagnez de sauce soja.

La partie ventrale des thons rouges, ou **ventrèche**, est appelée *toro* au Japon. C'est le morceau le plus gras, le plus recherché… et le plus cher. Haché ici avec des graines de sésame et des oignons nouveaux, il constitue une délicieuse garniture de sushi.

● Si vous avez aimé cette recette, essayez les makis au thon, page 10.

SUSHIS FUTOMAKI VÉGÉTARIENS AU RIZ COMPLET

POUR 4 ROULEAUX (32 SUSHIS)
PRÉPARATION : 45 MIN + TEMPS DE PRÉPARATION DU RIZ + CUISSON : 45 MIN

400 g de patates douces • 4 feuilles de nori • 1 portion de riz complet vinaigré (recette page 8) • 4 cuill. à soupe de mayonnaise épicée (voir page 18) • 1 petit bocal de poivrons rouges grillés, égouttés et taillés en longues lanières • 1 avocat pelé, dénoyauté et taillé en longs bâtonnets

POUR L'EAU VINAIGRÉE

1 ou 2 cuill. à soupe de vinaigre de riz • 25 cl d'eau froide

POUR SERVIR

fines rondelles de radis • fins filaments d'oignons nouveaux • spirales de carotte et de betterave • coriandre • mayonnaise épicée • flocons de poivron rouge

1 Préparez l'eau vinaigrée en mélangeant le vinaigre et l'eau dans un petit bol.

2 Préchauffez le four à 190 °C (th. 6-7). Faites rôtir les patates douces 45 minutes, jusqu'à ce qu'elles soient tendres. Laissez refroidir un peu, retirez la peau et coupez la chair en fines bandes.

3 Recouvrez une natte à sushi de film alimentaire, puis posez 1 feuille de nori sur la partie inférieure, la face brillante vers le bas.

4 Trempez vos doigts dans l'eau vinaigrée. Prenez 2 petites poignées de riz, posez-les au centre de la feuille de nori, puis étalez le riz du bout des doigts, en laissant une bande libre de 2,5 cm sur le bord le plus éloigné de vous.

5 Étalez 1 cuillerée à soupe de mayonnaise en traçant une ligne au milieu du riz. Recouvrez de patates douces, puis de poivron et d'avocat.

6 Maintenez les légumes avec les doigts, relevez le bord de la natte le plus proche de vous et repliez-le sur la garniture. Retirez vos doigts et roulez jusqu'à ce que les deux bords de la feuille de nori se rejoignent. L'humidité du riz va les coller et fermer le rouleau. Enroulez en soulevant la natte au fur et à mesure pour la détacher de la feuille de nori.

7 Retirez délicatement le rouleau de la natte. Confectionnez ensuite les autres rouleaux.

8 Posez un rouleau sur une planche à découper propre et sèche. Humidifiez la lame d'un couteau tranchant avec de l'eau vinaigrée et coupez le rouleau en deux. Recoupez chaque moitié en deux, puis de nouveau chaque quart en deux pour obtenir 8 bouchées identiques. Répétez l'opération avec les autres rouleaux.

9 Disposez les sushis sur un plat. Décorez de radis, d'oignons nouveaux, de carotte et de betterave, de coriandre, de mayonnaise épicée et de flocons de poivron.

Si vous avez aimé cette recette, essayez les sushis cornets végétariens au riz complet, page 74.

POUR 4 ROULEAUX (32 SUSHIS)
PRÉPARATION : 30 MIN + TEMPS DE PRÉPARATION DU RIZ

4 feuilles de nori • 1 portion de riz vinaigré (recette page 6) • 2 à 4 cuill. à soupe de prunes salées (umeboshi) en pâte • 1 petit concombre, avec la peau, débarrassé de ses graines et coupé dans la longueur en longs bâtonnets • feuilles de shiso fraîches

POUR L'EAU VINAIGRÉE

1 ou 2 cuill. à soupe de vinaigre de riz • 25 cl d'eau froide

POUR SERVIR

feuilles de shiso fraîches • spirales de carotte • rondelles de citron • prunes salées en pâte

SUSHIS FUTOMAKI À LA PRUNE SALÉE ET AU SHISO

1 Préparez l'eau vinaigrée en mélangeant le vinaigre et l'eau dans un petit bol.

2 Recouvrez une natte à sushi de film alimentaire, puis posez 1 feuille de nori sur la partie inférieure, la face brillante vers le bas.

3 Trempez vos doigts dans l'eau vinaigrée. Prenez 2 petites poignées de riz, posez-les au centre de la feuille de nori, puis étalez le riz du bout des doigts, en laissant une bande libre de 2,5 cm sur le bord le plus éloigné de vous.

4 Étalez ½ à 1 cuillerée à soupe de pâte de prunes sur le riz, en traçant une ligne au milieu. Recouvrez-la de bâtonnets de concombre et de feuilles de shiso.

5 Maintenez la garniture avec les doigts, relevez le bord de la natte le plus proche de vous et repliez-le dessus. Retirez vos doigts et roulez jusqu'à ce que les deux bords de la feuille de nori se rejoignent. L'humidité du riz va les coller et fermer le rouleau. Enroulez en soulevant la natte au fur et à mesure pour la détacher de la feuille de nori.

6 Retirez délicatement le rouleau de la natte. Confectionnez ensuite les autres rouleaux.

7 Posez un rouleau sur une planche à découper propre et sèche. Humidifiez la lame d'un couteau tranchant avec de l'eau vinaigrée et coupez le rouleau en deux. Recoupez chaque moitié en deux, puis de nouveau chaque quart en deux pour obtenir 8 bouchées identiques. Répétez l'opération avec les autres rouleaux.

8 Disposez les sushis sur un plat. Avant de servir, décorez de feuilles de shiso, de spirales de carotte, de rondelles de citron et de prunes salées en pâte.

Avec les mêmes ingrédients très simples, vous réaliserez de délicieux sushis cornets. Pour les confectionner, reportez-vous à la page 14.

● Si vous avez aimé cette recette, essayez les sashimis de daurade à la sauce aux prunes, page 124

SUSHIS D'ENCORNETS FARCIS

POUR 4 ROULEAUX (24 SUSHIS)
PRÉPARATION : 30 MIN + TEMPS DE PRÉPARATION DU RIZ + CUISSON : 10 MIN

4 encornets moyens vidés • 3 cuill. à soupe de saké • 3 cuill. à soupe de vinaigre de riz japonais • 2 cuill. à soupe de sucre • 1 cuill. à soupe de mirin • 2 cu ll. à soupe de sauce soja • 60 g de blanc de poulet haché • 1 cuill. à soupe de gingembre frais pelé et finement râpé • ½ portion de riz vinaigré (recette page 6)

POUR SERVIR

feuilles de shiso fraîches • découpes de carotte • spirales de betterave • flocons de poivron rouge • quartiers de citron

1 Pelez les encornets : saisissez chacun d'eux par les ailerons et tirez la peau pour la séparer du corps. Mettez-les dans une casserole avec 1 cuillerée à soupe de saké et 1 cuillerée à soupe de vinaigre de riz, recouvrez d'eau bouillante et portez à ébullition.

2 Faites cuire les encornets pendant 1 ou 2 minutes jusqu'au frémissement, mais pas davantage pour qu'ils ne soient pas caoutchouteux. Égouttez-les et arrosez-les du reste du vinaigre de riz. Hachez les ailerons et les tentacules.

3 Mélangez le saké restant, le sucre, le mirin et la sauce soja dans une casserole, puis portez à ébullition sur feu moyen. Ajoutez le poulet, le hachis d'encornets et le gingembre. Remuez avec une fourchette jusqu'à ce que le poulet blanchisse, puis retirez le tout à l'aide d'une écumoire.

4 Faites épaissir la sauce 1 ou 2 minutes à feu vif. Remettez le poulet dedans pour qu'il l'absorbe, puis retirez du feu.

5 Mélangez le riz avec la préparation précédente, puis garnissez les encornets de cette farce.

6 Posez les encornets sur une planche propre et découpez chacun en 6 tranches égales avec un couteau bien aiguisé.

7 Disposez les tranches sur un plat garni de feuilles de shiso, puis décorez de découpes de carotte et de spirales de betterave. Saupoudrez de flocons de poivron et disposez quelques quartiers de citron avant de servir.

● Si vous avez aimé cette recette, essayez les sushis aumônières en omelette, page 118.

Makis au tempura de crevettes

Pour 24 makis

Préparation : 45 min + temps de préparation du riz + cuisson : 15 min

Pour le tempura de crevettes

1 gros œuf, blanc et jaune séparés • 1 cuill. à soupe de jus de citron frais • 15 cl d'eau glacée • 50 g de farine • 24 belles queues de crevettes crues • 50 cl d'huile de friture

Pour les sushis

2 feuilles de nori • ½ portion de riz vinaigré (recette page 6) • 1 ou 2 cuill. à café de wasabi en pâte • 25 g de mizuna ou de jeunes pousses d'épinards • spirales de carotte, sauce soja et wasabi en pâte, pour servir

1 Préparez le tempura de crevettes. Dans un bol, fouettez le jaune d'œuf avec le jus de citron, l'eau glacée et la farine jusqu'à ce que l'ensemble mousse. Battez le blanc en neige dans un autre bol, puis incorporez-le au mélange.

2 Enfilez les crevettes en longueur sur des piques en bambou pour les maintenir droites à la cuisson.

3 Faites chauffer l'huile de friture à 190 °C dans un grand wok (pour vérifier qu'elle est à bonne température, jetez-y un cube de pain : s'il dore et remonte aussitôt à la surface, l'huile est prête pour la friture).

4 Trempez les crevettes une à une dans la pâte, puis égouttez-les bien.

5 Faites-les frire pendant 2 ou 3 minutes, jusqu'à ce qu'elles soient bien dorées, puis égouttez-les sur du papier absorbant. Retirez les piques en bambou.

6 Préparez les sushis. Coupez les feuilles de nori en deux, perpendiculairement au sens des fibres, puis en 24 bandes de 3 cm de large.

7 Étalez sur chaque bande 1 cuillerée à soupe de riz et un peu de wasabi, puis déposez 1 crevette et 2 ou 3 feuilles de *mizuna*. Enroulez soigneusement la garniture dans la feuille de nori.

8 Humidifiez légèrement les extrémités de la bande et collez-les. Répétez l'opération jusqu'à épuisement des ingrédients.

9 Disposez les sushis sur un plat, décorez de spirales de carotte et servez-les avec de la sauce soja et un peu de wasabi.

● **Si vous avez aimé cette recette, essayez les sushis pressés aux crevettes, page 84.**

SUSHIS INVERSÉS À LA CAROTTE ET À L'AVOCAT

POUR 4 ROULEAUX (32 SUSHIS)
PRÉPARATION : 30 MIN + TEMPS DE PRÉPARATION DU RIZ

4 feuilles de nori • 1 portion de riz complet vinaigré (recette page 8) • 2 cuill. à soupe de graines de sésame noir grillées • 6 cuill. à soupe de mayonnaise épicée (voir page 18) • 1 carotte coupée en bandes longues et fines • 1 petit concombre, avec la peau, débarrassé de ses graines et coupé en bandes longues et fines • 2 avocats pelés, dénoyautés et coupés en bandes fines • 1 bocal de poivrons rouges égouttés et coupés en fines lanières

POUR L'EAU VINAIGRÉE

1 ou 2 cuill. à soupe de vinaigre de riz • 25 cl d'eau froide

POUR SERVIR

2 à 4 tomates taillées en bandes fines, puis enroulées en fleurs • feuilles de shiso fraîches • spirales de carotte • gingembre au vinaigre • flocons de poivron rouge

1 Préparez l'eau vinaigrée dans un petit bol en mélangeant le vinaigre et l'eau.

2 Recouvrez une natte à sushi de film alimentaire, puis posez 1 feuille de nori sur la partie inférieure, la face brillante vers le bas.

3 Trempez vos doigts dans l'eau vinaigrée. Prenez 2 petites poignées de riz, posez-les au centre de la feuille de nori, puis étalez le riz du bout des doigts, en laissant une bande libre de 2,5 cm sur le bord le plus éloigné de vous.

4 Parsemez uniformément le riz de graines de sésame.

5 En travaillant rapidement, retournez la feuille de nori recouverte de riz sur la natte.

6 Étalez un quart de la mayonnaise épicée, en traçant une ligne au milieu de la feuille de nori. Recouvrez de bandes de carotte, de concombre, d'avocat et de poivron.

7 Maintenez les légumes avec les doigts, relevez le bord de la natte le plus proche de vous et repliez-le sur la garniture. Retirez vos doigts et roulez jusqu'à ce que les deux bords de la feuille de nori se rejoignent. L'humidité du riz va les coller et fermer le rouleau. Enroulez en soulevant la natte au fur et à mesure pour la détacher du riz.

8 Retirez délicatement le rouleau de la natte. Confectionnez ensuite les autres rouleaux.

9 Posez un rouleau sur une planche à découper propre et sèche. Humidifiez la lame d'un couteau tranchant avec de l'eau vinaigrée et coupez le rouleau en deux. Recoupez chaque moitié en deux, puis de nouveau chaque quart en deux pour obtenir 8 bouchées identiques. Répétez l'opération avec les autres rouleaux.

10 Disposez les sushis sur un plat. Avant de servir, décorez avec les fleurs en tomate, des feuilles de shiso, des spirales de carotte, du gingembre au vinaigre et des flocons de poivron.

• Si vous avez aimé cette recette, essayez les makis à la carotte et au concombre, page 24.

SUSHIS INVERSÉS DE SEATTLE

POUR 4 ROULEAUX (32 SUSHIS)
PRÉPARATION : 30 MIN + TEMPS DE PRÉPARATION DU RIZ

4 feuilles de nori • 1 portion de riz vinaigré (recette page 6) • 2 ou 3 cuill. à soupe de graines de sésame noir • 2 ou 3 cuill. à soupe de graines de sésame blanc • wasabi en pâte • 1 avocat pelé, dénoyauté et coupé en bâtonnets de 1 cm de large • 1 petit concombre, avec la peau, coupé en longues bandes • 200 g de fromage frais (type Saint-Môret®) coupé en longues bandes • 150 g de filet de saumon extra frais coupé en petits bâtonnets

POUR L'EAU VINAIGRÉE

1 ou 2 cuill. à soupe de vinaigre de riz • 25 cl d'eau froide

POUR SERVIR

gingembre au vinaigre • rondelles de citron • découpes de carotte • wasabi en pâte • sauce soja

1 Préparez l'eau vinaigrée en mélangeant le vinaigre et l'eau dans un petit bol.

2 Recouvrez une natte à sushi de film alimentaire, puis posez 1 feuille de nori dessus.

3 Trempez vos doigts dans l'eau vinaigrée. Prenez 2 petites poignées de riz, posez-les au centre de la feuille de nori, puis étalez le riz du bout des doigts, en laissant une bande libre de 2,5 cm sur le bord le plus éloigné de vous.

4 Parsemez uniformément le riz de 1 ou 2 cuillerées à café de graines de sésame noir et autant de blanc, puis pressez pour les faire bien adhérer.

5 En travaillant rapidement, retournez la feuille de nori recouverte de riz sur la natte.

6 Étalez un peu de wasabi, en traçant une ligne au milieu de la feuille de nori. Recouvrez de morceaux d'avocat, de concombre, de saumon et de fromage.

7 Mainte[illegible] la garniture avec le[illegible] relevez le bord de la natte le plus proche de vous et repliez-le dessus. Retirez vos doigts et roulez jusqu'à ce que les deux bords de la feuille de nori se rejoignent. L'humidité du riz va les coller et fermer le rouleau. Enroulez en soulevant la natte au fur et à mesure pour la détacher du riz.

8 Retirez délicatement le rouleau de la natte. Confectionnez ensuite les autres rouleaux.

9 Posez un rouleau sur une planche à découper propre et sèche. Humidifiez la lame d'un couteau tranchant avec de l'eau vinaigrée et coupez le rouleau en deux. Recoupez chaque moitié en deux, puis de nouveau chaque quart en deux pour obtenir 8 bouchées identiques. Répétez l'opération avec les autres rouleaux.

10 Disposez les sushis sur un plat. Avant de servir, décorez de gingembre, de citron, de carotte et de wasabi. Servez accompagné de sauce soja.

• Si vous avez aimé cette recette, essayez les sushis roulés californiens, page 12.

SUSHIS INVERSÉS DRAGON ROUGE

POUR 4 ROULEAUX (32 SUSHIS)
PRÉPARATION : 30 MIN + TEMPS DE PRÉPARATION DU RIZ + CUISSON : 5 MIN

4 feuilles de nori • 1 portion de riz vinaigré (recette page 6) • 4 à 6 cuill. à soupe de graines de sésame blanc • 4 à 6 cuill. à soupe de flocons de paprika • 1 ou 2 cuill. à soupe de sauce sriracha (ou de sauce thaïe) • 250 g de filet de thon extra frais • 1 avocat pelé, dénoyauté et coupé en petites bandes • 1 concombre, avec la peau, coupé en fines bandes dans la longueur

POUR L'EAU VINAIGRÉE

1 ou 2 cuill. à soupe de vinaigre de riz • 25 cl d'eau froide

POUR SERVIR

1 petit oignon blanc très finement émincé • 1 cuill. à soupe d'huile neutre • 1 petit piment rouge finement émincé • flocons de paprika • flocons de poivron rouge

1 Préparez l'eau vinaigrée en mélangeant le vinaigre et l'eau dans un petit bol.

2 Recouvrez une natte à sushi de film alimentaire, puis posez 1 feuille de nori dessus.

3 Trempez vos doigts dans l'eau vinaigrée. Prenez 2 petites poignées de riz, posez-les au centre de la feuille de nori, puis étalez le riz du bout des doigts, en laissant une bande libre de 2,5 cm sur le bord le plus éloigné de vous.

4 Parsemez uniformément le riz d'un quart des graines de sésame et des flocons de paprika, puis pressez pour les faire bien adhérer.

5 En travaillant rapidement, retournez la feuille de nori recouverte de riz sur la natte.

6 Étalez un peu de sauce sriracha en traçant une ligne au milieu de la feuille de nori. Recouvrez-la de thon, d'avocat et de concombre.

7 Maintenez la garniture avec les doigts, relevez le bord de la natte le plus proche de vous et repliez-le dessus. Retirez vos doigts et roulez jusqu'à ce que les deux bords de la feuille de nori se rejoignent. L'humidité du riz va les coller et fermer le rouleau. Enroulez en soulevant la natte au fur et à mesure pour la détacher du riz.

8 Retirez délicatement le rouleau de la natte. Confectionnez ensuite les autres rouleaux.

9 Posez un rouleau sur une planche à découper propre et sèche. Humidifiez la lame d'un couteau tranchant avec de l'eau vinaigrée et coupez le rouleau en deux. Recoupez chaque moitié en deux, puis de nouveau chaque quart en deux pour obtenir 8 bouchées identiques. Répétez l'opération avec les autres rouleaux.

10 Faites chauffer l'huile dans une petite poêle et faites revenir l'oignon pendant environ 5 minutes, jusqu'à ce qu'il soit doré et croustillant.

11 Disposez les sushis sur un plat. Avant de servir, parsemez d'oignon frit, de piment et saupoudrez de flocons de paprika et de poivron.

● *Si vous avez aimé cette recette, essayez les sushis inversés à la daurade, page 58.*

POUR 4 ROULEAUX (32 SUSHIS)
PRÉPARATION : 30 MIN + TEMPS DE PRÉPARATION DU RIZ
+ CUISSON : 5 À 10 MIN

POUR L'OMELETTE

4 gros œufs • 2 cuill. à soupe de sucre • 1 cuill. à café de sauce soja • 1 cuill. à soupe de beurre

POUR LES SUSHIS

4 feuilles de nori • 1 portion de riz vinaigré (recette page 6) • 2 cuill. à soupe de graines de sésame noir • 2 cuill. à soupe de mayonnaise épicée (voir page 18) • 120 g d'œufs de poisson orangés • 1 avocat pelé, dénoyauté et coupé en petites bandes • gingembre au vinaigre, petites feuilles de trévise, morceaux d'omelette, découpes de concombre et sauce soja, pour servir

POUR L'EAU VINAIGRÉE

1 ou 2 cuill. à soupe de vinaigre de riz • 25 cl d'eau froide

SUSHIS INVERSÉS À L'OMELETTE JAPONAISE

1 Préparez l'omelette. Fouettez les œufs dans un bol jusqu'à ce qu'ils soient mousseux. Ajoutez le sucre et la sauce soja, mélangez bien.

2 Faites fondre le beurre dans une grande poêle sur feu moyen. Versez-y les œufs. Quand ils commencent à prendre, retournez l'omelette et laissez-la finir de cuire et dorer. Faites-la glisser de la poêle et découpez-la en lanières d'environ 4 cm x 6 cm.

3 Préparez l'eau vinaigrée : mélangez le vinaigre et l'eau dans un petit bol.

4 Préparez les sushis. Recouvrez une natte à sushi de film alimentaire, puis posez 1 feuille de nori dessus.

5 Trempez vos doigts dans l'eau vinaigrée. Prenez 2 petites poignées de riz, posez-les au centre de la feuille de nori, puis étalez le riz du bout des doigts, en laissant une bande libre de 2,5 cm sur le bord le plus éloigné de vous.

6 Parsemez uniformément le riz de ½ cuillerée à soupe de graines de sésame.

7 En travaillant rapidement, retournez la feuille de nori recouverte de riz sur la natte.

8 Étalez ½ cuillerée à soupe de mayonnaise épicée, en traçant une ligne au milieu de la feuille de nori. Recouvrez-la d'un quart des œufs de poisson, de l'avocat et de l'omelette.

9 Maintenez la garniture avec les doigts, relevez le bord de la natte le plus proche de vous et repliez-le dessus. Retirez vos doigts et roulez jusqu'à ce que les deux bords de la feuille de nori se rejoignent. Enroulez en soulevant la natte au fur et à mesure pour la détacher du riz.

10 Retirez délicatement le rouleau de la natte. Confectionnez ensuite les autres rouleaux.

11 Posez un rouleau sur une planche à découper propre et sèche. Humidifiez la lame d'un couteau tranchant avec de l'eau vinaigrée et coupez le rouleau en deux. Recoupez chaque moitié en deux, puis de nouveau chaque quart en deux pour obtenir 8 bouchées identiques. Répétez l'opération avec les autres rouleaux.

12 Disposez les sushis sur un plat. Garnissez de gingembre, de feuilles de trévise, d'omelette et de concombre. Servez avec de la sauce soja.

• Si vous avez aimé cette recette, essayez les sushis nigiri à l'omelette, page 62.

POUR 4 ROULEAUX (32 SUSHIS)
PRÉPARATION : 30 MIN + TEMPS DE PRÉPARATION DU RIZ

4 feuilles de nori • 1 portion de riz vinaigré (recette page 6) ;
2 cuill. à soupe de graines de sésame noir • 2 cuill. à soupe de mayonnaise
…cée (voir page 18) • 150 g de filet de thon extra frais coupé en longues lanières
…ocat, pelé, dénoyauté et coupé en petites lanières • ½ poivron rouge coupé en longues
et fines lanières

POUR L'EAU VINAIGRÉE

1 ou 2 cuill. à soupe de vinaigre de riz • 25 cl d'eau froide

POUR SERVIR

…mayonnaise épicée • découpes de carotte • ciboule ou tiges d'oignon nouveau • piment en poudre • sauce soja

SUSHIS INVERSÉS AU THON

1 Préparez l'eau vinaigrée en mélangeant le vinaigre et l'eau dans un petit bol.

2 Recouvrez une natte à sushi de film alimentaire, puis posez 1 feuille de nori dessus.

3 Trempez vos doigts dans l'eau vinaigrée. Prenez 2 petites poignées de riz, posez-les au centre de la feuille de nori, puis étalez le riz du bout des doigts, en laissant une bande libre de 2,5 cm sur le bord le plus éloigné de vous.

4 Parsemez uniformément le riz de une demi-cuillerée à soupe de graines de sésame, puis pressez pour les faire bien adhérer.

5 En travaillant rapidement, retournez la feuille de nori recouverte de riz sur la natte.

6 Étalez ½ cuillerée à soupe de mayonnaise, en traçant une ligne au milieu de la feuille de nori, puis disposez des bandes de thon, d'avocat et de poivron.

7 Maintenez la garniture avec les doigts, relevez le bord de la natte le plus proche de vous et repliez-le dessus. Retirez vos doigts et roulez jusqu'à ce que les deux bords de la feuille de nori se rejoignent. L'humidité du riz va le… coller et fermer le rouleau. Enroulez… soulevant la natte au fur et à mesure… la détacher du riz.

8 Retirez délicatement le rouleau de… Confectionnez ensuite les autres rouleaux.

9 Posez un rouleau sur une planche à découper pro… Humidifiez la lame d'un couteau tranchant av… vinaigrée et coupez le rouleau en deux. Rec… moitié en deux, puis de nouveau chaque… pour obtenir 8 bouchées identiques. Répé… avec les autres rouleaux.

10 Tracez des lignes de mayon… sur le plat avant de dispose… Décorez de découpes de ca… ciboule, saupoudrez de pi… accompagnez de sauce s…

• Si vous avez aimé cette re…

POUR 4 ROULEAUX (32 SUSHIS)
PRÉPARATION : 30 MIN + TEMPS DE PRÉPARATION DU RIZ

250 g de filet de daurade extra frais finement haché • 2 cuill. à soupe de mayonnaise épicée (voir page 18) • 2 oignons nouveaux finement émincés • wasabi en pâte, selon votre goût • 4 feuilles de nori • 1 portion de riz vinaigré (recette page 6) • 2 cuill. à soupe de mélange d'épices japonais (shichimi)

POUR L'EAU VINAIGRÉE

1 ou 2 cuill. à soupe de vinaigre de riz • 25 cl d'eau froide

POUR SERVIR

mayonnaise épicée • spirales de carotte • découpes de concombre • flocons de poivron rouge • wasabi en pâte

SUSHIS INVERSÉS À LA DAURADE

1 Préparez l'eau vinaigrée en mélangeant le vinaigre et l'eau dans un petit bol.
2 Mélangez la daurade, la mayonnaise épicée et les oignons dans un autre bol. Relevez de wasabi.
3 Coupez chaque feuille de nori en trois.
4 Recouvrez une natte à sushi de film alimentaire, puis posez 1 morceau de feuille de nori dessus.
5 Trempez vos doigts dans l'eau vinaigrée. Prenez 2 petites poignées de riz, posez-les au centre de la feuille de nori, puis étalez le riz du bout des doigts, en laissant une bande libre de 2,5 cm sur le bord le plus éloigné de vous. Saupoudrez de shichimi.
6 En travaillant rapidement, retournez la feuille de nori recouverte de riz sur la natte. Ajoutez 1 bande de riz sur le bord le plus proche de vous ; c'est sur ce riz que se positionnera la bande de nori libre de l'autre côté de la feuille.
7 Étalez un quart du mélange à la daurade sur la feuille de nori.
8 Soulevez le film, repliez la natte pour que les deux bords se rejoignent et soudez le bord libre de la feuille de nori sur la bande de riz.
9 Retirez délicatement le rouleau de la natte. Confectionnez les autres rouleaux.
10 Posez un rouleau sur une planche à découper propre et sèche. Humidifiez la lame d'un couteau tranchant avec de l'eau vinaigrée et coupez le rouleau en deux. Recoupez chaque moitié en deux, puis de nouveau chaque quart en deux pour obtenir 8 bouchées identiques. Répétez l'opération avec les autres rouleaux.
11 Étalez un peu de mayonnaise sur le plat avant de disposer les sushis. Décorez de spirales de carotte, de concombre, de flocons de poivron et d'un peu de wasabi. Servez.

Le *shichimi* est un mélange d'épices composé notamment de graines de sésame noir et blanc, d'algues en paillettes et d'échalotes déshydratées. Les épiceries asiatiques en proposent plusieurs sortes.

Si vous avez aimé cette recette, essayez les sushis boules à la daurade et aux crevettes, page 96.

SUSHIS NIGIRI AU POULET FUMÉ

POUR ENVIRON 24 SUSHIS

PRÉPARATION : 30 MIN + TEMPS DE PRÉPARATION DU RIZ

1 portion de riz vinaigré (recette page 6) • 3 cuill. à soupe de persil plat très finement ciselé • 3 cuill. à soupe de coriandre très finement ciselée • 2 ou 3 petits piments rouges débarrassés de leur graines et finement hachés • 120 g de cheddar fraîchement râpé • 4 à 6 grandes tranches de poulet fumé coupées en rectangles de 2,5 cm x 5 cm • 1 feuille de nori coupée en bandes de 1 cm de large

POUR L'EAU VINAIGRÉE

1 ou 2 cuill. à soupe de vinaigre de riz • 25 cl d'eau froide

POUR SERVIR

chutney de mangue • quelques feuilles de coriandre • rondelles de citron • spirales de carotte • spirales de betterave

1 Préparez l'eau vinaigrée en mélangeant le vinaigre et l'eau dans un petit bol.

2 Mélangez le riz vinaigré, le persil, la coriandre, les piments et le fromage dans un autre bol.

3 Trempez le bout de vos doigts dans l'eau vinaigrée. Prenez ensuite 1 poignée du mélange de riz et façonnez une petite masse ovale. Posez 1 morceau de poulet dessus.

4 Enroulez 1 bandelette de feuille de nori autour de chaque bouchée, recoupez les bouts et collez-les en dessous avec un peu d'eau froide.

5 Disposez les sushis sur un plat et mettez un peu de chutneys de mangue sur chacun. Avant de servir, décorez de coriandre, de rondelles de citron et de spirales de carotte et de betterave.

Pour changer, remplacez le poulet par la même quantité de dinde fumée, de bœuf salé, de rôti de bœuf ou d'un autre morceau de bœuf cuit.

• Si vous avez aimé cette recette, essayez les sushis en barquettes de feuilles au bœuf et à la dinde, page 68.

SUSHIS NIGIRI À L'OMELETTE

POUR ENVIRON 24 SUSHIS
PRÉPARATION : 30 MIN + TEMPS DE PRÉPARATION DU RIZ

POUR L'OMELETTE
4 gros œufs • 1 cuill. à soupe de sauce soja • 1 cuill. à soupe de mirin • 1 cuill. à soupe de sucre • 1 pincée de sel • huile neutre

POUR LES SUSHIS
2 feuilles de nori • ½ portion de riz vinaigré (recette page 6) • wasabi en pâte

POUR L'EAU VINAIGRÉE
1 ou 2 cuill. à soupe de vinaigre de riz • 25 cl d'eau froide

POUR SERVIR
fines rondelles de radis • fins filaments d'oignons nouveaux • sauce soja

1 Préparez l'eau vinaigrée dans un petit bol en mélangeant le vinaigre et l'eau.

2 Préparez l'omelette. Dans un autre bol, battez les œufs avec une fourchette ou des baguettes. Ajoutez la sauce soja, le mirin, le sucre et le sel, puis mélangez bien.

3 Enduisez une poêle de 1 cuillerée à café d'huile, posez-la sur feu moyen et versez un peu d'œufs battus. Quand l'omelette commence juste à prendre, roulez-la en cylindre dans la poêle.

4 Huilez de nouveau la poêle, versez encore un peu d'œufs battus et étalez-les sur toute la surface en inclinant la poêle et en soulevant l'omelette déjà cuite pour qu'ils glissent dessous. Enroulez cette deuxième omelette autour de la première.

5 Répétez l'opération jusqu'à épuisement des ingrédients, en huilant la poêle après chaque ajout. Au fur et à mesure, le rouleau épaissit et devient plus facile à manipuler.

6 Retirez-le de la poêle et laissez tiédir un peu. Coupez des bandes de 4 cm de long.

7 Préparez les sushis. Coupez les feuilles de nori en bandelettes de 5 mm de large.

8 Trempez le bout de vos doigts dans l'eau vinaigrée. Prenez 1 poignée de riz vinaigré (environ 2 cuillerées à soupe) dans la paume de la main et façonnez un petit rectangle épais. Étalez une pointe de wasabi dessus et posez 1 morceau d'omelette.

9 Enroulez 1 bandelette de nori autour de la bouchée, coupez les bouts et collez-les en dessous avec un peu d'eau froide.

10 Disposez les sushis sur un plat et décorez de rondelles de radis et de filaments d'oignons nouveaux. Servez avec de la sauce soja.

Ces sushis s'appellent aussi tamagoyaki, du nom de la poêle rectangulaire traditionnelle dans laquelle on cuit l'omelette japonaise.

● *Si vous avez aimé cette recette*, essayez les sushis inversés à l'omelette japonaise, page 52.

POUR 24 SUSHIS
PRÉPARATION : 30 MIN + TEMPS DE PRÉPARATION DU RIZ
+ CUISSON : 55 MIN

1 betterave moyenne • 1 patate douce moyenne • 1 avocat pelé, dénoyauté et coupé en lamelles de 4 cm x 6 cm • 2 cuill. à soupe de jus de citron frais • 1 portion de riz complet vinaigré (recette page 8) • 2 cuill. à soupe de mayonnaise épicée (voir page 18) • 1 petit bocal de poivrons rouges grillés, égouttés et coupés en rectangles de 4 cm x 6 cm • 6 à 8 brins de ciboulette

POUR L'EAU VINAIGRÉE

1 ou 2 cuill. à soupe de vinaigre de riz • 25 cl d'eau froide

POUR SERVIR

1 cuill. à soupe de graines de sésame noir et de blanc • 1 piment vert finement émincé • fines rondelles de radis, de concombre et de citron • gingembre au vinaigre • feuilles de shiso fraîches • mayonnaise épicée

ASSORTIMENT DE SUSHIS NIGIRI VÉGÉTARIENS

1 Préparez l'eau vinaigrée en mélangeant le vinaigre et l'eau dans un petit bol.

2 Préchauffez le four à 200 °C (th. 6-7).

3 Enveloppez la betterave dans une feuille d'aluminium et faites-la cuire 10 minutes dans le four.

4 Posez la patate douce entière à côté et poursuivez la cuisson pendant 45 minutes, jusqu'à ce qu'elle soit tendre.

5 Sortez les légumes du four et laissez tiédir un peu. Retirez la peau et taillez les légumes en lamelles de 4 cm x 6 cm.

6 Arrosez l'avocat du jus de citron.

7 Trempez le bout de vos doigts dans l'eau vinaigrée. Prenez 1 poignée de riz vinaigré (environ 2 cuillerées à soupe) dans la paume de la main et façonnez une petite masse ovale. Étalez un peu de mayonnaise épicée dessus, puis posez 1 tranche de patate douce. Répétez l'opération avec le reste de la patate douce.

8 En procédant de la même manière avec le reste du riz, faites des bouchées recouvertes de tranches d'avocat, de poivron et de betterave. Liez ces dernières avec des brins de ciboulette.

9 Disposez un assortiment de sushis sur chaque assiette. Décorez de graines de sésame noir et blanc, de piment, de radis, de concombre, de citron, de gingembre, de feuilles de shiso et d'un peu de mayonnaise épicée.

Si vous avez aimé cette recette, essayez les sushis chirashi végétariens au riz complet, page 108.

SUSHIS EN BARQUETTES DE FEUILLES AU BŒUF ET À LA DINDE

POUR 24 SUSHIS
PRÉPARATION : 30 MIN + TEMPS DE PRÉPARATION DU RIZ

12 feuilles d'endive moyennes • 12 feuilles de chicorée rouge moyennes • 2 feuilles de nori • 120 g de bœuf extra tendre (idéalement du filet) en lamelles d'environ 1 cm d'épaisseur • 120 g de fines tranches de dinde fumée • 1 portion de riz vinaigré (recette page 6) • wasabi en pâte

POUR L'EAU VINAIGRÉE

1 ou 2 cuill. à soupe de vinaigre de riz • 25 cl d'eau froide

POUR SERVIR

gingembre au vinaigre • basilic • coriandre • aneth • feuilles de shiso fraîches • fines rondelles de radis • découpes de carotte

1 Préparez l'eau vinaigrée dans un petit bol en mélangeant le vinaigre et l'eau.

2 Séparez les feuilles d'endive et de chicorée. Coupez les feuilles de nori en bandelettes d'environ 1 cm de large.

3 Coupez le bœuf en rectangles de mêmes dimensions que les feuilles d'endive.

4 Trempez le bout de vos doigts dans l'eau vinaigrée. Prenez 1 poignée de riz vinaigré (environ 2 cuillerées à soupe) dans la paume de la main et façonnez une petite masse ovale de même taille que les feuilles d'endive. Étalez une pointe de wasabi dessus et recouvrez de 1 tranche de bœuf ou de dinde.

5 Enroulez 1 bandelette de nori autour de la bouchée et collez les extrémités en dessous avec un peu d'eau froide.

6 Déposez les sushis au bœuf sur les feuilles d'endive et les sushis à la dinde sur les feuilles de chicorée.

7 Disposez les sushis sur des assiettes. Avant de servir, garnissez de gingembre au vinaigre, de basilic, de coriandre, d'aneth, de shiso, de radis et de carotte.

Les feuilles d'endive et de chicorée apportent une jolie couleur à ces petits sushis nigiri et facilitent leur dégustation.

● Si vous avez aimé cette recette, essayez les sushis cornets méditerranéens, page 72.

SUSHIS NIGIRI À L'ASPERGE, AU POULET ET AU SAUMON FUMÉS

POUR 24 SUSHIS
PRÉPARATION : 30 MIN + TEMPS DE PRÉPARATION DU RIZ + CUISSON : 1 OU 2 MIN

2 feuilles de nori • 48 petites asperges vertes épluchées et coupées en deux • 120 g de saumon fumé en tranches • 120 g de poulet fumé en fines tranches • 1 portion de riz vinaigré (recette page 6) • wasabi en pâte • sel

POUR L'EAU VINAIGRÉE

1 ou 2 cuill. à soupe de vinaigre de riz • 25 cl d'eau froide

POUR SERVIR

gingembre au vinaigre • rondelles de citron et de concombre • câpres • jeunes feuilles de salade verte • wasabi en pâte

1 Préparez l'eau vinaigrée dans un petit bol en mélangeant le vinaigre et l'eau.

2 Coupez les feuilles de nori en bandelettes d'environ 1 cm de large.

3 Faites cuire les asperges pendant 1 ou 2 minutes dans une grande casserole d'eau bouillante légèrement salée, jusqu'à ce qu'elles soient juste tendres. Égouttez-les bien.

4 Coupez le saumon et le poulet en lamelles de 4 cm x 6 cm.

5 Trempez le bout de vos doigts dans l'eau vinaigrée. Prenez 1 poignée de riz vinaigré (environ 2 cuillerées à soupe) dans la paume de la main et façonnez une petite masse ovale. Étalez une pointe de wasabi sur le riz, puis posez 4 demi-asperges dessus.

6 Enroulez 1 bandelette de nori autour de la bouchée et collez les extrémités en dessous avec un peu d'eau froide. Placez 1 morceau de saumon ou de poulet sur l'ensemble. Répétez l'opération avec le reste des ingrédients.

7 Disposez les sushis sur des assiettes et décorez de gingembre au vinaigre, de rondelles de citron et de concombre, de câpres, de feuilles de salade et de wasabi avant de servir.

Proposez ces attrayants sushis au printemps, quand les asperges vertes, douces et savoureuses, apparaissent sur les marchés locaux.

• Si vous avez aimé cette recette, essayez les sushis boules au saumon fumé et à l'avocat, page 100.

SUSHIS CORNETS MÉDITERRANÉENS

POUR 8 CORNETS
PRÉPARATION : 20 À 30 MIN + TEMPS DE PRÉPARATION DU RIZ

4 feuilles de nori • 1 portion de riz vinaigré (recette page 6) • harissa ou sauce pimentée, selon votre goût • 200 g de feta coupée en petits bâtonnets • 1 concombre, avec la peau, débarrassé de ses graines, coupé en longues bandes • 1 carotte coupée en longs et fins bâtonnets • 1 petite poignée de feuilles de basilic frais • 8 cuill. à soupe de tzatziki • 1 cuill. à café de graines de cumin

POUR SERVIR

graines de cumin • harissa • tzatziki

1 Avec des ciseaux, coupez les feuilles de nori en deux, perpendiculairement au sens des fibres.

2 Prenez une demi-feuille de nori dans une main, la face brillante vers le bas. Étalez 2 cuillerées à soupe de riz vinaigré en couche fine sur la moitié de la surface.

3 Assaisonnez d'un peu de harissa, puis disposez, en diagonale sur le riz, quelques morceaux de feta, de concombre et de carotte, et des feuilles de basilic. Nappez de 1 cuillerée à soupe de tzatziki et parsemez de cumin.

4 Posez l'ensemble sur une surface propre et repliez la feuille de nori sur la garniture, en ramenant l'angle inférieur sur le coin opposé, puis en enroulant la feuille en forme de cône.

5 Humidifiez légèrement le bord de la feuille de nori pour souder le cornet. Répétez l'opération avec le reste des ingrédients pour obtenir 8 cornets.

6 Disposez les cornets sur des assiettes et décorez de graines de cumin, de harissa et de tzatziki avant de servir.

Si vous avez aimé cette recette, essayez les sushis d'encornets farcis, page 42.

POUR 8 CORNETS

PRÉPARATION : 20 À 30 MIN + TEMPS DE PRÉPARATION DU RIZ

4 feuilles de nori • 1 portion de riz complet vinaigré (recette page 8) • 2 cuill. à soupe de sauce pimentée sucrée • 250 g de fromage frais (type Saint-Môret®) très froid, coupé en petits bâtonnets • 1 concombre, avec la peau, débarrassé de ses graines, coupé en longues bandes fines • 1 carotte coupée en longues bandes fines • 1 poivron rouge coupé en longues lanières fines • 1 avocat pelé, dénoyauté et coupé en bandes ou en bâtonnets • 5 cuill. à soupe de graines de sésame noir • mayonnaise épicée (voir page 18) et flocons de poivron rouge, pour servir

SUSHIS CORNETS VÉGÉTARIENS AU RIZ COMPLET

1 Avec des ciseaux, coupez les feuilles de nori en deux, perpendiculairement au sens des fibres.

2 Prenez une demi-feuille de nori dans une main, la face brillante vers le bas. Étalez 2 cuillerées à soupe de riz vinaigré en couche fine sur la moitié de la surface.

3 Assaisonnez d'un peu de sauce pimentée, puis disposez, en diagonale sur le riz, 1 ou 2 morceaux de chaque élément de la garniture : fromage, concombre, carotte, poivron et avocat. Parsemez uniformément de 2 cuillerées à café de graines de sésame.

4 Posez l'ensemble sur une surface propre et repliez la feuille de nori sur la garniture, en ramenant l'angle inférieur sur le coin opposé, puis en enroulant en forme de cône.

5 Humidifiez le bord de la feuille de nori pour souder le cornet. Répétez l'opération avec le reste des ingrédients pour obtenir 8 cornets.

6 Disposez les cornets sur des assiettes. Décorez de mayonnaise épicée et de flocons de poivron avant de servir.

• Si vous avez aimé cette recette, essayez les sushis futomaki végétariens au riz complet, page 38.

POUR 8 CORNETS

PRÉPARATION : 30 MIN + TEMPS DE PRÉPARATION DU RIZ

1 avocat pelé, dénoyauté et coupé en fines lamelles • le jus frais de 1 citron • 4 feuilles de nori • 1 portion de riz vinaigré (recette page 6) • wasabi en pâte • 150 g de filet de thon extra frais coupé en 8 longues bandes • 1 petit poivron jaune coupé en longues et fines lanières • 2 cuill. à soupe de graines de sésame noir • 1 petit concombre fin • mayonnaise épicée (voir page 18) • 90 g de saumon fumé en tranches fines, coupé en 8 morceaux • 8 grosses queues de gambas cuites, décortiquées, la veine retirée • 2 cuill. à soupe de graines de sésame blanc

POUR SERVIR

mayonnaise épicée • pousses de cresson • flocons de poivron rouge

SUSHIS CORNETS AUX FRUITS DE MER

1 Arrosez l'avocat du jus de citron. Réservez.

2 Avec des ciseaux, coupez les feuilles de nori en deux, perpendiculairement au sens des fibres.

3 Prenez une demi-feuille de nori dans une main, la face brillante vers le bas. Étalez 2 cuillerées à soupe de riz vinaigré en couche fine sur la moitié de la surface.

4 Étalez un peu de wasabi sur le riz, puis disposez, en diagonale sur le riz, 1 morceau de thon et le quart de l'avocat et du poivron. Parsemez uniformément de une demi-cuillerée à soupe de graines de sésame noir.

5 Posez l'ensemble sur une surface propre et repliez la feuille de nori sur la garniture, en ramenant l'angle inférieur sur le coin opposé, puis en enroulant en forme de cône.

6 Humidifiez légèrement le bord de la feuille de nori pour souder le cornet. Répétez l'opération avec 3 autres demi-feuilles de nori et le reste du thon, de l'avocat, du poivron et des graines de sésame noir pour obtenir 4 cornets.

7 Coupez les extrémités du concombre, coupez-le dans la longueur d'abord en deux, puis chaque moitié en deux.

8 Prenez une demi-feuille de nori dans une main, la face brillante vers le bas. Étalez 2 cuillerées à soupe de riz vinaigré en couche fine sur la moitié de la surface. Étalez un peu de mayonnaise épicée, puis posez, en diagonale sur le riz, 1 morceau de saumon, 1 gambas et 1 bâtonnet de concombre. Parsemez de ½ cuillerée à soupe de graines de sésame blanc.

9 Enroulez la feuille de nori autour de la garniture en formant un cornet, comme à l'étape 5, et fermez-le. Avec le reste des ingrédients, faites 3 autres cornets.

10 Disposez les sushis sur des assiettes. Avant de servir, décorez d'un peu de mayonnaise épicée, de pousses de cresson et de flocons de poivron.

Si vous avez aimé cette recette, essayez les sushis cornets aux crevettes, page 14.

SUSHIS CORNETS TEX-MEX

POUR 8 CORNETS

PRÉPARATION : 30 MIN + TEMPS DE PRÉPARATION DU RIZ
+ CUISSON : 4 OU 5 MIN OU UN PEU PLUS

350 g de steak (hampe ou bavette) • 2 avocats pelés et dénoyautés • le jus frais de 1 citron vert • 4 feuilles de nori • 1 portion de riz vinaigré (recette page 6) • 8 cuill. à soupe de purée de tomates fraîches • 1 poivron rouge coupé en longues lanières fines • 1 poignée de coriandre fraîche • huile neutre

POUR SERVIR

coriandre fraîche • 1 piment vert frais débarrassé de ses graines et finement émincé • purée de tomates fraîches

1 Préchauffez une poêle-gril à feu moyen.

2 Huilez légèrement la viande et faites-la cuire à votre goût (pour une cuisson saignante, comptez entre 4 et 5 minutes). Retirez-la du gril et coupez-la en fines lamelles, perpendiculairement aux fibres.

3 Écrasez la chair des avocats dans un bol avec le jus de citron vert. Réservez le quart de cette purée pour le décor.

4 Avec des ciseaux, coupez les feuilles de nori en deux, perpendiculairement au sens des fibres.

5 Prenez une demi-feuille de nori dans une main, la face brillante vers le bas. Étalez 2 cuillerées à soupe de riz vinaigré en couche fine sur la moitié de la surface, puis un peu de purée de tomate.

6 Disposez ensuite, en diagonale sur le riz, des lamelles de bœuf, du poivron rouge et de l'avocat.

7 Posez l'ensemble sur une surface propre et repliez la feuille de nori sur la garniture, en ramenant l'angle inférieur sur le coin opposé, puis en enroulant en forme de cône.

8 Humidifiez légèrement le bord de la feuille de nori pour souder le cornet. Répétez l'opération avec le reste des ingrédients pour obtenir 8 cornets.

9 Disposez les cornets sur des assiettes. Décorez brins de coriandre, de piment et moulez des petites quenelles de l'avocat réservé. Accompagnez d'un peu de purée de tomate.

• Si vous avez aimé cette recette, essayez les sushis boules à l'avocat, page 15.

SUSHIS CORNETS AU THON ET AUX LÉGUMES

POUR 8 CORNETS
PRÉPARATION : 20 À 30 MIN + TEMPS DE PRÉPARATION DU RIZ + CUISSON : 2 MIN

20 haricots verts effilés • 4 feuilles de nori • 1 portion de riz vinaigré (recette page 6) • 180 g de filet de thon extra frais coupé en longues bandes fines • 2 petits avocats pelés, dénoyautés et coupés en bandes • 1 petit bocal de poivrons rouges grillés, égouttés et coupés en longues lanières fines • 8 cuill. à soupe de mayonnaise • gingembre au vinaigre • sel

POUR SERVIR

gingembre au vinaigre • mayonnaise • spirales de carotte • sauce soja • wasabi en pâte

1 Faites cuire les haricots verts 2 minutes à l'eau bouillante légèrement salée. Égouttez-les bien.

2 Avec des ciseaux, coupez les feuilles de nori en deux, perpendiculairement au sens des fibres.

3 Prenez une demi-feuille de nori dans une main, la face brillante vers le bas. Étalez 2 cuillerées à soupe de riz vinaigré en couche fine sur la moitié de la surface.

4 Disposez, en diagonale sur le riz, des lamelles de thon, de poivron, d'avocat, et des haricots verts.

5 Posez l'ensemble sur une surface propre et repliez la feuille de nori sur la garniture, en ramenant l'angle inférieur sur le coin opposé, puis en enroulant en forme de cône.

6 Humidifiez légèrement le bord de la feuille de nori pour souder le cornet. Répétez l'opération avec le reste des ingrédients pour obtenir 8 cornets.

7 Garnissez les cornets de mayonnaise et de gingembre au vinaigre.

8 Disposez les cornets sur des assiettes et décorez de gingembre, de mayonnaise et de spirales de carotte. Accompagnez de sauce soja et de wasabi.

Si vous avez aimé cette recette, essayez les sushis inari au thon et à la mayonnaise épicée, page 106.

SUSHIS PRESSÉS AU MAQUEREAU

POUR 24 SUSHIS

PRÉPARATION : 45 MIN + TEMPS DE PRÉPARATION DU RIZ + ÉGOUTTAGE : 3 OU 4 H + MARINADE : 1 H

150 g de filets de maquereau extra frais, avec la peau • 100 g de gros sel • 25 cl de vinaigre de riz japonais • 4 cuill. à soupe d'eau • 1 cuill. à soupe de sucre • 1 cuill. à soupe de mirin • wasabi en pâte, selon votre goût • 1 portion de riz vinaigré (recette page 6)

POUR SERVIR

• gingembre au vinaigre • pousses de cresson • feuilles de roquette • rondelles de citron, de radis et de daikon • graines de sésame noir

1 Posez les filets de maquereau dans un plat peu profond et recouvrez-les de gros sel. Enrobez-les sur toutes les faces et mettez-les à égoutter 3 ou 4 heures dans une passoire.

2 Rincez le poisson à l'eau froide pour retirer tout le sel, puis épongez délicatement les filets avec du papier absorbant.

3 Mettez le moule à sushis à tremper 30 minutes dans de l'eau froide.

4 Mélangez le vinaigre de riz, l'eau, le sucre et le mirin dans un grand bol, puis remuez jusqu'à ce que le sucre soit dissous. Ajoutez les filets de maquereau et laissez mariner 1 heure. La chair du poisson va devenir très blanche.

5 Sortez les filets de la marinade et retirez délicatement la peau transparente, en laissant la couche irisée.

6 Posez les filets de maquereau sur une planche, sur la peau, et passez doucement le bout du doigt sur la chair pour repérer les arêtes. Retirez-les avec une pince. Coupez les bords minces des filets pour égaliser l'épaisseur.

7 Rangez le tiers des filets de maquereau dans le moule à sushis, peau vers le bas. Parsemez le poisson de petites touches de wasabi, puis étalez le tiers du riz dessus. Tassez-le avec le couvercle du moule.

8 Retournez le moule et ôtez ses côtés. Placez le sushi sur une planche à découper et découpez-le en 8 bouchées égales. Répétez deux fois l'opération avec les ingrédients restants.

9 Servez les sushis garnis de gingembre, de cresson, de roquette, de citron, de radis, de daikon et de sésame.

● **Si vous avez aimé cette recette**, essayez les sushis pressés d'Osaka, page 86.

SUSHIS PRESSÉS AUX CREVETTES

POUR 24 SUSHIS

PRÉPARATION : 45 MIN + TEMPS DE PRÉPARATION DU RIZ

24 grosses crevettes roses cuites • wasabi en pâte, selon votre goût • 1 portion de riz vinaigré (recette page 6) • 2 feuilles de nori

POUR SERVIR

cornichons émincés • gingembre au vinaigre • aneth • graines de sésame noir • sauce soja

1 Trempez le moule à sushis 30 minutes dans de l'eau froide.

2 Retirez la tête et la carapace des crevettes. Posez les queues sur une planche, incisez le dos sur toute la longueur et retirez la veine noire. Augmentez légèrement la profondeur de la fente et ouvrez-les à plat.

3 Posez 8 crevettes ouvertes dans le fond du moule à sushis, le côté orange vers le bas. Mettez quelques petites touches de wasabi sur les crevettes, puis étalez environ 60 g de riz vinaigré dessus.

4 Découpez 1 feuille de nori à la taille du moule et posez-la sur la couche de riz. Recouvrez d'une autre couche d'environ 60 g de riz. Posez le couvercle du moule et pressez pour former le sushi.

5 Retournez le moule sur une planche, puis retirez le couvercle et démontez le moule. Coupez le bloc en 8 morceaux de taille égale. Répétez les opérations deux fois avec les ingrédients restants.

6 Disposez les sushis sur des assiettes et garnissez de cornichons émincés, de gingembre au vinaigre, d'aneth et de graines de sésame. Servez avec de la sauce soja.

On trouve des **moules à sushis** de différentes tailles. Nos recettes ont été réalisées avec des moules de 5 cm x 18 cm. Si le vôtre est plus grand, il vous suffit de mettre un peu plus de riz ; cette recette en prévoit suffisamment pour s'adapter à d'autres moules.

● Si vous avez aimé cette recette, essayez les sushis pressés au saumon fumé et au citron vert, *page 20*.

SUSHIS PRESSÉS D'OSAKA

POUR 24 SUSHIS

PRÉPARATION : 45 MIN + TEMPS DE PRÉPARATION DU RIZ

500 g de filets de poisson extra frais (thon, vivaneau, saumon, daurade) • 2 feuilles de nori découpées à la taille du moule • 120 g de chair de crabe en conserve, égouttée • 3 cuill. à café d'œufs de poisson • 3 cuill. à café de mayonnaise épicée (voir page 18) • 1 portion de riz vinaigré (recette page 6)

POUR SERVIR

œufs de poisson orangés et noirs • pousses de cresson • feuilles de shiso fraîches • basilic • aneth • spirales de carotte et de betterave • rondelles de citron et de radis

1 Trempez le moule à sushis 30 minutes dans de l'eau froide.

2 Coupez les poissons en tranches fines d'environ 3 mm d'épaisseur.

3 Disposez-les côte à côte sur une planche à découper et utilisez le moule à sushis comme gabarit : posez-le sur le poisson et découpez en suivant le périmètre intérieur pour obtenir des tranches de la taille du moule.

4 Placez 1 morceau de feuille de nori dans le fond du moule et recouvrez-le de 1 première couche de poisson. Étalez un tiers du crabe sur le poisson, puis 1 cuillerée à café d'œufs de poisson et enfin 1 cuillerée à café de mayonnaise épicée. Recouvrez l'ensemble de 1 couche de riz vinaigré et terminez avec 1 nouvelle couche de poisson. Formez le sushi en pressant avec le couvercle du moule.

5 Retournez le moule sur une planche, retirez le couvercle et démontez le moule. Coupez le bloc en 8 morceaux égaux. Répétez les opérations deux fois avec les ingrédients restants.

6 Servez les sushis sur des assiettes garnies d'œufs de poisson, de pousses de cresson, de feuilles de shiso, de basilic, d'aneth, de carotte et de betterave, de citron et de radis.

Il n'est pas nécessaire de disposer de quatre poissons différents ; deux ou trois peuvent suffire. Mais plus vous varierez les couleurs, plus vos assiettes de sushis seront belles.

• Si vous avez aimé cette recette, essayez les sushis pressés au maquereau, page 82.

POUR 24 SUSHIS
PRÉPARATION : 30 MIN + TEMPS DE PRÉPARATION DU RIZ

1 portion de riz vinaigré (recette page 6) • 3 cuill. à soupe de mayonnaise mélangée à 1 ½ cuill. à café de wasabi en pâte • 1 avocat pelé, dénoyauté et coupé en fines lamelles • 350 g de bâtonnets de surimi au crabe coupés en deux dans l'épaisseur

POUR SERVIR

feuilles de shiso fraîches • mayonnaise • wasabi en pâte • lamelles d'avocat • brins de ciboulette

SUSHIS PRESSÉS AU SURIMI ET À L'AVOCAT

1 Trempez le moule à sushis 30 minutes dans de l'eau froide.

2 Étalez 60 g de riz vinaigré en couche régulière dans le moule à sushis, puis un tiers de la mayonnaise au wasabi. Recouvrez d'avocat.

3 Faites une nouvelle couche avec 60 g de riz recouvert de bâtonnets de surimi, le côté orange vers le haut.

4 Tassez l'ensemble en pressant avec le couvercle du moule.

5 Retournez le moule sur une planche, retirez le couvercle et démontez le moule. Coupez le bloc en 8 morceaux égaux. Répétez les opérations deux fois avec les ingrédients restants.

6 Disposez des feuilles de shiso sur des assiettes et placez les sushis dessus. Décorez de mayonnaise, de wasabi, d'avocat et de brins de ciboulette.

Les **bâtonnets de surimi au crabe** sont très populaires au Japon depuis leur création dans les années 1970. Ils sont faits de chair de poisson blanc (en général du lieu) aromatisée au crabe et colorée en orange.

• *Si vous avez aimé cette recette, essayez les makis au crabe et à la ciboulette, page 30.*

SUSHIS BATEAUX AU BOEUF TERIYAKI

POUR 24 SUSHIS
PRÉPARATION : 45 MIN + TEMPS DE PRÉPARATION DU RIZ + MARINADE : 30 MIN + CUISSON : 1 OU 2 MIN

POUR LE BOEUF TERIYAKI

4 cuill. à soupe de sauce soja • 4 cuill. à soupe de saké • 2 cuill. à café de sucre • 400 g de bœuf tendre coupé en fines lamelles

POUR LES SUSHIS

4 feuilles de nori • 1 portion de riz vinaigré (recette page 6) • 2 cuill. à café de câpres • ciboulette ciselée • sauce pimentée sucrée ou mayonnaise épicée (voir page 18) • gingembre au vinaigre, rondelles de citron et de daikon, wasabi en pâte et flocons de poivron rouge, pour servir

POUR L'EAU VINAIGRÉE

1 ou 2 cuill. à soupe de vinaigre de riz • 25 cl d'eau froide

1 Préparez l'eau vinaigrée en mélangeant le vinaigre et l'eau dans un petit bol.

2 Préparez le bœuf teriyaki. Mélangez la sauce soja, le saké et le sucre dans un petit bol. Mettez le bœuf dans un bol plus grand et arrosez-le du mélange. Remuez pour bien enrober tous les morceaux et laissez mariner 30 minutes.

3 Préchauffez une poêle et saisissez le bœuf 1 ou 2 minutes, en le gardant tendre. Laissez refroidir légèrement.

4 Préparez les sushis. Coupez chaque feuille de nori en 6 bandes de mêmes dimensions.

5 Trempez vos doigts dans l'eau vinaigrée. Prenez 1 petite poignée de riz vinaigré (1 ou 2 cuillerées à soupe) dans la paume de la main et façonnez une masse ovale, en tassant bien.

6 Enroulez 1 bande de nori autour de la quenelle de riz. Posez 1 ou 2 grains de riz sur une extrémité et pressez-la fermement sur l'autre. Le riz va coller la bande de nori en formant un cerclage résistant. La bande de nori doit être un peu plus haute que la quenelle de riz pour permettre de déposer la garniture. Répétez l'opération avec le reste de riz et de bandes de nori.

7 Remplissez les sushis bateaux de bœuf teriyaki avec une cuillère à café.

8 Disposez-les sur des assiettes et posez quelques câpres, un peu de ciboulette et une pointe de sauce pimentée sur le bœuf. Avant de servir, décorez de gingembre, de rondelles de citron et de daikon, de wasabi et de flocons de poivron.

Si vous avez aimé cette recette, essayez les sushis futomaki au poulet teriyaki, page 34.

POUR 24 SUSHIS

PRÉPARATION : 45 MIN + TEMPS DE PRÉPARATION DU RIZ

4 feuilles de nori • 1 portion de riz vinaigré (recette page 6) • wasabi en pâte, selon votre goût • 120 g d'œufs de poisson volant verts • 120 g d'œufs de poisson orangés • 120 g d'œufs de saumon • 120 g d'œufs de lompe noirs

POUR L'EAU VINAIGRÉE

1 ou 2 cuill. à soupe de vinaigre de riz • 25 cl d'eau froide

POUR SERVIR

feuilles de shiso fraîches • morceaux d'omelette • fines rondelles de daikon • pousses de cresson • spirales de carotte • concombres finement émincés • brins de ciboulette • sauce soja

SUSHIS BATEAUX AUX ŒUFS DE POISSON

1 Préparez l'eau vinaigrée en mélangeant le vinaigre et l'eau dans un petit bol.

2 Coupez chaque feuille de nori en 6 bandes de mêmes dimensions.

3 Trempez vos doigts dans l'eau vinaigrée. Prenez 1 petite poignée de riz vinaigré (entre 1 et 2 cuillerées à soupe) dans la paume de la main et façonnez une masse ovale, en tassant bien.

4 Enroulez 1 bande de nori autour de la quenelle de riz. Posez 1 ou 2 grains de riz sur une extrémité et pressez-la fermement sur l'autre. Le riz va coller la bande de nori en formant un cerclage résistant. La bande de nori doit être un peu plus haute que la quenelle de riz pour permettre de déposer la garniture. Répétez l'opération avec le reste de riz et de bandes de nori.

5 Du bout du doigt, mettez un peu de wasabi dans chaque sushi. Emplissez-les ensuite des différents œufs de poisson avec une cuillère à café.

6 Disposez des feuilles de shiso sur des assiettes et placez les sushis dessus. Décorez de morceaux d'omelette, de daikon, de pousses de cresson, de carotte, de concombre et de brins de ciboulette. Servez avec de la sauce soja.

Les œufs de lompe ne sont pas traditionnels dans les sushis bateaux, mais leur belle couleur noire fait très bien ressortir le vert et l'orange des œufs de poisson.

● *Si vous avez aimé cette recette, essayez les sushis cornets aux fruits de mer, page 76.*

SUSHIS BATEAUX AU MAÏS, PETITS POIS ET SAUMON FUMÉ

POUR 24 SUSHIS
PRÉPARATION : 45 MIN + TEMPS DE PRÉPARATION DU RIZ + CUISSON : 4 À 6 MIN

4 feuilles de nori • 120 g de grains de maïs surgelés • 120 g de petits pois surgelés • 1 portion de riz complet vinaigré (recette page 8) • wasabi en pâte, selon votre goût • 120 g de saumon fumé • graines de sésame noir • 2 ou 3 cuill. à café de mayonnaise épicée (voir page 18) • 2 ou 3 cuill. à café de mayonnaise nature • 2 cuill. à café de ciboulette finement ciselée • sel

POUR L'EAU VINAIGRÉE

1 ou 2 cuill. à soupe de vinaigre de riz • 25 cl d'eau froide

POUR SERVIR

pousses de cresson • aneth • daikon râpé • oignons nouveaux, citron et radis émincés • mayonnaise nature • sauce pimentée • flocons de poivron rouge

1 Préparez l'eau vinaigrée en mélangeant le vinaigre et l'eau dans un petit bol.

2 Coupez chaque feuille de nori en 6 bandes de mêmes dimensions.

3 Faites cuire le maïs 2 ou 3 minutes dans une petite casserole d'eau bouillante légèrement salée, jusqu'à ce qu'il soit juste tendre. Égouttez et réservez.

4 Faites cuire les petits pois de la même manière jusqu'à ce qu'ils soient juste tendres. Égouttez-les, écrasez-les grossièrement à la fourchette et réservez-les.

5 Trempez vos doigts dans l'eau vinaigrée. Prenez 1 petite poignée de riz vinaigré (1 ou 2 cuillerées à soupe) dans la paume de la main et façonnez une masse ovale, en tassant bien.

6 Enroulez 1 bande de nori autour de la quenelle de riz. Posez 1 ou 2 grains de riz sur une extrémité et pressez-la fermement sur l'autre. Le riz va coller la bande de nori en formant un cerclage résistant. La bande de nori doit être un peu plus haute que la quenelle de riz pour permettre de déposer la garniture. Répétez l'opération avec le reste de riz et de bandes de nori.

7 Du bout du doigt, mettez un peu de wasabi dans 8 des sushis. Recoupez ou repliez les tranches de saumon fumé et mettez-les sur le riz. Parsemez-les de graines de sésame noir.

8 Garnissez 8 autres sushis avec la mayonnaise épicée et remplissez-les de petits pois.

9 Répartissez la mayonnaise nature et le maïs dans les 8 sushis restants. Parsemez de ciboulette.

10 Alternez les sushis sur des assiettes et décorez avec les pousses de cresson, l'aneth, le daikon, les oignons nouveaux, le citron, les radis, la mayonnaise, la sauce pimentée et les flocons de poivron.

Si vous avez aimé cette recette, essayez les sushis nigiri aux asperges et au saumon fumé, page 16.

POUR 30 SUSHIS

PRÉPARATION : 45 MIN + TEMPS DE PRÉPARATION DU RIZ + CUISSON : 2 OU 3 MIN

180 g de filets de daurade extra frais • 15 feuilles de shiso fraîches • 1 portion de riz vinaigré (recette page 6) • 15 crevettes roses crues • wasabi en pâte

POUR L'EAU VINAIGRÉE

1 ou 2 cuill. à soupe de vinaigre de riz • 25 cl d'eau froide

POUR SERVIR

2 ou 3 cuill. à café d'œufs de poisson orangés • graines de sésame noir • mayonnaise • sauce pimentée • rondelles de citron • pousses de cresson • feuilles de shiso fraîches

SUSHIS BOULES À LA DAURADE ET AUX CREVETTES

1 Préparez l'eau vinaigrée dans un petit bol en mélangeant le vinaigre et l'eau.

2 Avec un couteau parfaitement aiguisé, taillez les filets de daurade en biais afin d'obtenir 16 carrés minces d'environ 4 cm de côté.

3 Découpez 30 carrés de 15 cm de côté dans du film alimentaire. Prenez un carré de film dans la main et posez 1 tranche de daurade et 1 feuille de shiso au centre.

4 Trempez le bout de vos doigts dans l'eau vinaigrée. Prenez 1 petite poignée de riz (environ 1 cuillerée à soupe), façonnez-la en boule et posez-la sur la feuille de shiso.

5 Joignez les quatre coins du film alimentaire, enveloppez la boule et serrez le film en tournant pour la comprimer. Répétez l'opération avec le reste de la daurade et du shiso.

6 Faites cuire les crevettes 2 ou 3 minutes dans de l'eau frémissante, jusqu'à ce qu'elles soient roses. Égouttez-les et rincez-les à l'eau froide.

7 Décortiquez-les et retirez la veine noire.

8 Prenez un carré de film dans la main et posez 1 crevette au centre et du wasabi dessus.

9 Trempez le bout de vos doigts dans l'eau vinaigrée. Prenez 1 petite poignée de riz (environ 1 cuillerée à soupe), façonnez-la en boule et posez-la sur la crevette. Joignez les quatre coins du film alimentaire, enveloppez la boule et serrez le film en tournant pour la comprimer. Répétez l'opération avec les ingrédients restants.

10 Retirez le film avant de disposer les sushis sur des assiettes décorées d'œufs de poisson, de graines de sésame, de mayonnaise, de sauce pimentée, de citron, de pousses de cresson et de shiso.

• **Si vous avez aimé cette recette, essayez les sushis bateaux aux crevettes, page 18.**

SUSHIS BOULES VÉGÉTARIENS AU RIZ COMPLET, SAUCE WASABI-GINGEMBRE

POUR 30 SUSHIS

PRÉPARATION : 45 MIN + TEMPS DE PRÉPARATION DU RIZ

1 portion de riz vinaigré (recette page 6) • 2 carottes moyennes finement râpées • 6 oignons nouveaux finement hachés • 40 g de graines de sésame noir • 40 g de graines de sésame blanc • tomates cerises et aneth, pour servir

POUR L'EAU VINAIGRÉE

1 ou 2 cuill. à soupe de vinaigre de riz • 25 cl d'eau froide

POUR LA SAUCE WASABI-GINGEMBRE

1 cuill. à soupe de wasabi en poudre • 4 cuill. à soupe d'eau • 1 gousse d'ail • 1 cuill. à soupe de gingembre frais finement râpé • 2 cuill. à soupe d'huile d'arachide • 3 cuill. à soupe de vinaigre de riz • 6 cuill. à soupe de sauce soja

1 Préparez l'eau vinaigrée en mélangeant le vinaigre et l'eau dans un petit bol.

2 Dans un bol, mélangez le riz, les carottes et les oignons.

3 Étalez les graines de sésame noir sur une assiette plate et les graines de sésame blanc sur une autre.

4 Découpez 30 carrés de 15 cm de côté dans du film alimentaire. Prenez un carré de film dans la main.

5 Trempez le bout de vos doigts dans l'eau vinaigrée. Prenez 1 petite poignée de mélange au riz (environ 1 cuillerée à soupe), façonnez-la en boule et posez-la au centre du carré.

6 Joignez les quatre coins du film alimentaire, puis enveloppez la boule et serrez le film en tournant pour la comprimer. Répétez l'opération avec le reste de mélange au riz.

7 Retirez le film, puis roulez une moitié des sushis boules dans le sésame blanc et l'autre moitié dans le sésame noir.

8 Préparez la sauce wasabi-gingembre : mélangez tous les ingrédients dans un bol.

9 Disposez les sushis dans les assiettes, décorez de tomates et de brins d'aneth. Servez avec des coupelles de sauce.

Si vous avez aimé cette recette, essayez l'assortiment de sushis nigiri végétariens, page 64.

SUSHIS BOULES AU SAUMON FUMÉ ET À L'AVOCAT

POUR 30 SUSHIS

PRÉPARATION : 45 MIN + TEMPS DE PRÉPARATION DU RIZ

1 avocat pelé et dénoyauté • 2 cuill. à café de jus de citron frais • 1 portion de riz vinaigré (recette page 6) • wasabi en pâte • 1 petit concombre finement haché • 1 carotte finement râpée • 3 cuill. à soupe de gingembre au vinaigre • 100 g de saumon fumé en tranches, coupé en petits carrés de 3 ou 4 cm de côté

POUR L'EAU VINAIGRÉE

1 ou 2 cuill. à soupe de vinaigre de riz • 25 cl d'eau froide

POUR SERVIR

œufs de poisson noirs • pousses de cresson • daikon râpé • fins filaments d'oignons nouveaux et de poivron rouge • sauce soja

1 Préparez l'eau vinaigrée dans un petit bol en mélangeant le vinaigre et l'eau.

2 Dans un bol, écrasez l'avocat en purée avec le jus de citron.

3 Découpez 30 carrés de 15 cm de côté dans du film alimentaire. Prenez un carré de film dans la main.

4 Trempez le bout de vos doigts dans l'eau vinaigrée. Prenez 1 petite poignée de riz (environ 1 cuillerée à soupe), façonnez-la en boule et posez-la au centre du carré.

5 Du bout du doigt, appliquez un peu de wasabi sur le riz, puis ajoutez 1 cuillerée à café de purée d'avocat et 1 ou 2 cuillerées à café de concombre, de carotte et de gingembre en mélange. Terminez avec un carré de saumon fumé.

6 Joignez les quatre coins du film alimentaire, puis enveloppez la boule et serrez le film en tournant pour la comprimer. Répétez l'opération avec le reste des ingrédients.

7 Retirez le film des sushis. Servez-les sur des assiettes décorées d'œufs de poisson, de pousses de cresson, de daikon râpé, de filaments d'oignon et de poivron, et de petites quenelles moulées dans la purée d'avocat restante. Accompagnez de sauce soja.

Si vous avez aimé cette recette, essayez les sushi cornets tex-mex, page 78.

SUSHIS INARI AU SÉSAME

POUR 12 SUSHIS

PRÉPARATION : 45 MIN + TEMPS DE PRÉPARATION DU RIZ + INFUSION : 30 MIN + CUISSON : 15 MIN

6 rectangles de tofu frit (*abura-age*) • 3 cuill. à soupe de sucre brun • 2 cuill. à soupe de saké • 2 cuill. à soupe de mirin • 4 cuill. à soupe de sauce soja • 2 cuill. à soupe de graines de sésame blanc grillées • ½ portion de riz vinaigré (recette page 6) • 2 feuilles de nori • 12 feuilles de shiso fraîches

POUR LE BOUILLON DASHI AU KOMBU

1 carré de kombu de 20 cm de côté coupé en deux

POUR SERVIR

gingembre au vinaigre • rondelles de daikon • daikon râpé • spirales de carotte • feuilles de shiso ou de salade fraîches

1 Préparez le bouillon dashi au *kombu*. Mettez le *kombu* et 1 l d'eau dans une casserole moyenne, et laissez infuser 30 minutes.

2 Portez à ébullition à feu moyen et retirez du feu.

3 Plongez les rectangles de tofu frit 2 minutes dans de l'eau bouillante. Égouttez-les bien, puis épongez-les avec du papier absorbant pour les dégraisser.

4 Faites bouillir 40 cl de bouillon dashi sur feu moyen à vif. Ajoutez le sucre brun, le saké, le mirin et la sauce soja, puis baissez le feu et maintenez à petite ébullition. Faites cuire le tofu 10 minutes dans ce bouillon. Retirez du feu et laissez refroidir dans le liquide de cuisson.

5 Égouttez le tofu avec une écumoire et réservez le bouillon. Pressez les morceaux pour en exprimer tout le jus, coupez-les en deux et ouvrez-les de manière à obtenir 12 poches.

6 Mélangez bien les graines de sésame et le riz dans un bol.

7 Trempez le bout de vos doigts dans le bouillon de cuisson du tofu et prenez le riz par petites poignées. Façonnez-le en masses ovales de la taille des poches de tofu.

8 Dans chaque feuille de nori, coupez 12 bandelettes de 1 cm de large, assez longues pour entourer chaque portion de riz. Enroulez-les autour. Glissez 1 feuille de shiso, puis 1 portion de riz dans chaque poche de tofu.

9 Disposez les sushis sur des assiettes, en laissant la garniture apparente, et décorez de gingembre au vinaigre, de daikon, de carotte et de salade avant de servir.

• *Si vous avez aimé cette recette, essayez les sushis inari aux champignons, page 22.*

SUSHIS INARI AU RIZ COMPLET

POUR 12 SUSHIS
PRÉPARATION : 45 MIN + TEMPS DE PRÉPARATION DU RIZ + CUISSON : 20 MIN

6 rectangles de tofu frit (abura-age) • 40 cl de bouillon dashi au kombu (recette page 102) • 3 cuill. à soupe de sucre brun • 2 cuill. à soupe de saké • 2 cuill. à soupe de mirin • 4 cuill. à soupe de sauce soja • 1 carotte moyenne coupée en dés • 75 g de fèves edamame fraîches ou surgelées • 1 avocat pelé, dénoyauté et coupé en dés • le jus frais de ½ citron vert • ½ portion de riz complet vinaigré (recette page 8) • 1 cuill. à soupe de graines de sésame noir grillées • 1 piment rouge débarrassé de ses graines et finement émincé • sel

POUR SERVIR

fines rondelles de radis et de daikon • graines de sésame noir • brins de ciboulette

1 Plongez les rectangles de tofu frit 2 minutes dans de l'eau bouillante. Égouttez-les bien, puis épongez-les avec du papier absorbant pour les dégraisser.

2 Faites bouillir le bouillon dashi sur feu moyen à vif. Ajoutez le sucre brun, le saké, le mirin et la sauce soja, puis baissez le feu et maintenez à petite ébullition. Faites cuire le tofu 10 minutes dans ce bouillon. Retirez du feu et laissez refroidir dans le liquide de cuisson.

3 Égouttez le tofu avec une écumoire et réservez le bouillon. Pressez les morceaux pour en exprimer tout le jus, coupez-les en deux et ouvrez-les de manière à obtenir 12 poches.

4 Faites cuire la carotte et les fèves 3 ou 4 minutes à l'eau bouillante légèrement salée, pour qu'elles soient juste tendres. Égouttez-les et laissez-les refroidir un peu.

5 Mettez l'avocat dans un bol et arrosez-le du jus de citron vert. Réservez.

6 Dans un autre bol, mélangez bien le riz aux graines de sésame, puis à la carotte et aux fèves.

7 Trempez le bout de vos doigts dans le bouillon de cuisson du tofu et prenez le riz par petites poignées. Façonnez-le en masses ovales de la taille des poches de tofu.

8 Glissez ces portions dans les poches de tofu, puis répartissez l'avocat et quelques lanières de piment.

9 Disposez les sushis sur des assiettes, en laissant la garniture apparente. Garnissez de radis, de daikon, de graines de sésame et de brins de ciboulette avant de servir.

Si vous avez aimé cette recette, essayez les sushis boules végétariens au riz complet, sauce wasabi-gingembre, page 98.

SUSHIS INARI AU THON ET À LA MAYONNAISE ÉPICÉE

POUR 12 SUSHIS
PRÉPARATION : 45 MIN + TEMPS DE PRÉPARATION DU RIZ
+ CUISSON : 12 MIN

6 rectangles de tofu frit (abura-age) • 40 cl de bouillon dashi au kombu (recette page 102) • 3 cuill. à soupe de sucre brun • 2 cuill. à soupe de saké • 2 cuill. à soupe de mirin • 4 cuill. à soupe de sauce soja • ½ portion de riz vinaigré (recette page 6) • 4 oignons nouveaux, la partie blanche finement hachée, la tige verte en fins filaments • 8 cuill. à soupe de mayonnaise épicée (voir page 18) • 250 g de filet de thon extra frais coupé en petits dés • sauce sriracha (ou sauce thaïe), feuilles de shiso fraîches et spirales de carotte, pour servir

1 Plongez les rectangles de tofu frit 2 minutes dans de l'eau bouillante. Égouttez-les bien, puis épongez-les avec du papier absorbant pour les dégraisser.

2 Faites bouillir le bouillon dashi sur feu moyen à vif. Ajoutez le sucre brun, le saké, le mirin et la sauce soja, puis baissez le feu et maintenez à petite ébullition. Faites cuire le tofu 10 minutes dans ce bouillon. Retirez du feu et laissez refroidir dans le liquide de cuisson.

3 Égouttez le tofu avec une écumoire et réservez le bouillon. Pressez les morceaux pour en exprimer tout le jus, coupez-les en deux et ouvrez-les de manière à obtenir 12 poches.

4 Dans un bol, mélangez le riz et le blanc haché des oignons.

5 Trempez le bout de vos doigts dans le bouillon de cuisson du tofu et prenez le riz par petites poignées. Façonnez-le en masses ovales de la taille des poches de tofu.

6 Glissez ces portions dans les poches de tofu en les remplissant aux deux tiers pour laisser la place de poser le thon dessus.

7 Mettez un peu de mayonnaise épicée sur le riz à l'aide d'une cuillère à café, puis garnissez de dés de thon et décorez du vert des oignons.

8 Disposez les sushis sur des assiettes, en laissant apparaître la garniture. Décorez de sauce sriracha, de feuilles de shiso et de carotte avant de servir.

Si vous avez aimé cette recette, essayez les sushis cornets au thon et aux légumes, page 80.

POUR 6 À 8 PERSONNES
PRÉPARATION : 30 MIN + TEMPS DE PRÉPARATION DU RIZ

1 portion de riz complet vinaigré (recette page 8) • 2 cuill. à soupe de graines de sésame noir • 3 cuill. à soupe de vinaigre de riz • 4 cuill. à soupe d'huile de colza • 3 cuill. à soupe de gingembre au vinaigre finement haché • 5 oignons nouveaux finement émincés • 3 carottes coupées en petits dés • 1 gros concombre haché • 300 g de fèves edamame fraîches ou surgelées • 3 feuilles de nori coupées en fines bandelettes • mayonnaise épicée (voir page 18) et 2 avocats pelés, dénoyautés et coupés en lamelles, pour servir

POUR LA SAUCE

1 cuill. à soupe de wasabi en poudre • 1 ½ cuill. à soupe d'eau chaude • 3 cuill. à soupe de sauce soja • 1 cuill. à soupe de jus de gingembre (obtenu en pressant du gingembre frais râpé)

SUSHIS CHIRASHI VÉGÉTARIENS AU RIZ COMPLET

Le mélange au riz qui sert à préparer ces sushis peut être dégusté dans des bols ou façonné de diverses façons. Ici, les sushis sont moulés avec un emporte-pièce en forme de fleur.

1 Dans un grand bol, réunissez le riz, les graines de sésame, le vinaigre, l'huile, le gingembre, les oignons, les carottes, le concombre, les fèves et les deux tiers des feuilles de nori. Mélangez bien avec une cuillère en bois.

2 Moulez le mélange par grosses poignées dans un emporte-pièce en forme de fleur de 8 cm de diamètre. Tassez bien, puis retournez sur des assiettes.

3 Décorez du reste des bandelettes de nori, de mayonnaise épicée et de lamelles d'avocat.

4 Préparez la sauce. Mélangez le wasabi avec l'eau chaude dans un petit bol. Ajoutez 3 cuillerées à soupe d'eau froide, la sauce soja et le jus de gingembre. Remuez bien.

5 Arrosez le riz et les légumes de sauce avant de servir.

Si vous avez aimé cette recette, essayez les sushis chirashi au riz complet, à la crevette et aux œufs de saumon, page 116.

SUSHIS CHIRASHI DE LA MER À L'AVOCAT

POUR 6 À 8 PERSONNES
PRÉPARATION : 30 MIN + TEMPS DE PRÉPARATION DU RIZ

• 1 portion de riz vinaigré (recette page 6) • 2 avocats pelés, dénoyautés et coupés en bandes de 1 cm de large • 1 concombre coupé en bâtonnets • 1 carotte coupée en bâtonnets • 1 daikon coupé en bâtonnets • 2 feuilles de nori taillées en confettis • 750 g de filets de poisson extra frais (saumon, thon, daurade et bar) en lamelles de 2,5 mm x 7,5 mm x 5 mm

POUR SERVIR

gingembre au vinaigre • fines rondelles de radis • filaments d'oignons nouveaux • graines de sésame noir • mayonnaise épicée (voir page 18) ou wasabi en pâte • sauce soja

1 Moulez une tasse de riz vinaigré à l'aide d'un emporte-pièce sur une assiette ou dans un bol. Disposez ensuite l'avocat, le concombre, la carotte et le daikon en couche régulière, en les alternant harmonieusement. Parsemez de confettis de nori.

2 Disposez les lamelles de poisson autour des légumes et du riz, en les pliant ou en les enroulant.

3 Décorez de gingembre au vinaigre, de radis, d'oignons nouveaux, de graines de sésame et de mayonnaise épicée. Accompagnez de sauce soja.

Si vous avez aimé cette recette, essayez l'assortiment de sushis nigiri aux fruits de mer, page 66.

SUSHIS CHIRASHI AU SAUMON ET AUX CHAMPIGNONS

POUR 6 PERSONNES
PRÉPARATION : 30 MIN + TEMPS DE PRÉPARATION DU RIZ + TREMPAGE : 4 H + CUISSON : 10 MIN + MARINADE : 15 MIN

8 shiitakés séchés • 3 cuill. à soupe de sauce soja • 1 cuill. à soupe + 2 cuill. à café de sucre • 1 cuill. à café de saké • 3 gros œufs • 1 cuill. à soupe d'huile de tournesol • 250 g de filet de saumon extra frais coupé en fines lamelles • wasabi en pâte • 1 portion de riz vinaigré (recette page 6) • 1 petit concombre coupé en bâtonnets • 90 g de bâtonnets de surimi au crabe émiettés

POUR SERVIR
3 cuill. à soupe de graines de sésame blanc • spirales de carotte • fines rondelles de radis • wasabi en pâte

1 Faites tremper les shiitakés 4 heures dans de l'eau chaude. Égouttez-les et réservez le liquide de trempage. Retirez les pieds et émincez finement les chapeaux.

2 Faites chauffer 15 cl de l'eau de trempage dans une casserole moyenne. Ajoutez les champignons, 1 cuillerée à soupe de sauce soja, 1 de sucre et le saké. Faites cuire à petits bouillons jusqu'à ce que presque tout le liquide soit évaporé. Réservez.

3 Battez les œufs dans un bol avec le sucre.

4 Faites chauffer l'huile dans une grande poêle, versez les œufs et faites-les cuire en omelette fine.

5 Retournez l'omelette sur une planche et coupez-la en petites lanières.

6 Dans un bol, mélangez le saumon, le reste de sauce soja et un peu de wasabi. Laissez mariner 15 minutes, puis égouttez.

7 Tassez des portions de riz dans des petits bols, puis retournez-les sur des assiettes. Disposez les champignons, le concombre, les miettes de surimi, l'omelette et le saumon autour.

8 Avant de servir, décorez de graines de sésame, de carotte, de radis et d'un peu de wasabi.

Si vous avez aimé cette recette, essayez les sushis chirashi printaniers, page 114.

SUSHIS CHIRASHI PRINTANIERS

POUR 4 PERSONNES

PRÉPARATION : 45 MIN + TEMPS DE PRÉPARATION DU RIZ + MARINADE : 6 À 12 H + TREMPAGE : 4 H + CUISSON : 15 MIN

6 shiitakés séchés • 5 cuill. à soupe de sucre • 1 cuill. à soupe de mirin • 4 cuill. à soupe de bouillon de volaille • 1 cuill. à café de sauce soja • 1 petite carotte coupée en bâtonnets • 8 pois gourmands effilés • 120 g de filet de cabillaud • 1 cuill. à soupe de saké • 1 portion de riz vinaigré (recette page 6) • 250 g de petites crevettes roses, cuites et décortiquées • 3 cuill. à soupe de graines de sésame blanc légèrement grillées • sel • mayonnaise, radis roses ciselés et pousses de cesson, pour servir

POUR LES FLEURS DE RADIS ET D'ŒUF

4 radis blancs nettoyés • 2 cuill. à soupe de sucre • 2 cuill. à soupe de vinaigre de riz • 1 gros œuf • 1 pincée de sel • ½ cuill. à café de fécule de maïs • 1 cuill. à soupe d'huile de tournesol

1 Préparez les fleurs de radis et d'œuf. Avec un petit couteau, prélevez verticalement des petits quartiers tout autour des radis, puis coupez dans l'autre sens 5 ou 6 fines tranches en forme de fleur.

2 Mettez le sucre dans un bol avec le vinaigre et remuez pour le faire fondre. Ajoutez les tranches de radis et laissez mariner 6 heures ou jusqu'au lendemain.

3 Dans un autre bol, battez l'œuf avec le sel et la fécule de maïs diluée dans 1 cuillerée à café d'eau.

4 Faites chauffer l'huile dans une grande poêle, versez l'œuf et faites-le cuire en omelette. Glissez l'omelette sur une planche et découpez des petites fleurs à l'aide d'un emporte-pièce.

5 Faites tremper les shiitakés 4 heures dans de l'eau chaude. Égouttez-les et réservez le liquide de trempage. Émincez finement les chapeaux.

6 Dans une casserole, réunissez les champignons, 6 cuillerées à soupe de l'eau de trempage, 2 cuillerées à soupe de sucre et le mirin. Amenez doucement à ébullition et faites évaporer sur feu doux.

7 Versez le bouillon de volaille, ajoutez ½ cuillerée à café de sucre, la sauce soja et la carotte. Faites repartir l'ébullition, baissez le feu et laissez mijoter 3 minutes, jusqu'à ce que les champignons soient tendres. Laissez refroidir dans le liquide de cuisson.

8 Faites cuire les pois gourmands à l'eau salée. Taillez-les en biais.

9 Faites pocher le cabillaud 3 ou 4 minutes dans de l'eau bouillante, puis égouttez-le. Mettez-le dans une casserole avec le saké, le reste du sucre et du sel. Effeuillez-le finement à la fourchette sur un feu très doux.

10 Incorporez au riz les trois quarts des shiitakés, de la carotte, des pois gourmands, du cabillaud, des crevettes et des graines de sésame. Partagez en quatre et façonnez des masses ovales. Placez-les sur des assiettes, recouvrez du quart restant, puis répartissez les fleurs. Décorez de mayonnaise, de radis et de cresson.

Si vous avez aimé cette recette, essayez les makis au riz complet et au saumon, page 32.

SUSHIS CHIRASHI AU RIZ COMPLET, À LA CREVETTE ET AUX ŒUFS DE SAUMON

POUR 6 PERSONNES

PRÉPARATION : 30 MIN + TEMPS DE PRÉPARATION DU RIZ + TREMPAGE : 4 H + CUISSON : 15 MIN

5 shiitakés séchés • 2 cuill. à café de sauce soja • 2 cuill. à café de mirin • 2 cuill. à café + 1 pincée de sucre • 2 cuill. à café de saké • 2 carottes • 5 gros œufs • 1 ou 2 cuill. à soupe d'huile de sésame • 24 petites asperges vertes • 2 cuill. à soupe de graines de sésame blanc • 1 portion de riz complet vinaigré (recette page 8) • 20 grosses queues de crevette cuites, décortiquées, la veine noire retirée • 4 cuill. à soupe d'œufs de saumon • sel • aneth et rondelles de radis (facultatif), pour servir

1 Faites tremper les shiitakés pendant 4 heures dans de l'eau chaude. Égouttez-les et réservez le liquide de trempage. Retirez les pieds et émincez les chapeaux en lamelles de 5 mm d'épaisseur.

2 Faites-les cuire 10 minutes environ à petite ébullition dans l'eau de trempage additionnée de la sauce soja, du mirin, de 2 cuillerées à café de sucre et de 1 cuillerée à café de saké.

3 Coupez les carottes en fines lamelles dans la longueur. Recoupez chacune en rectangles de 5 mm x 10 mm. Faites-les cuire 2 minutes dans un peu d'eau bouillante salée additionnée du reste du saké.

4 Battez les œufs avec 1 pincée de sel et 1 pincée de sucre.

5 Faites chauffer l'huile dans une grande poêle placée sur feu moyen, versez la moitié des œufs battus et étalez-les finement. Baissez le feu, couvrez la poêle, puis arrêtez-le et laissez l'omelette juste finir de prendre, en restant moelleuse.

6 Retournez-la sur une planche et laissez refroidir. Partagez l'omelette en deux et enroulez chaque moitié. Recoupez chaque rouleau en plusieurs morceaux. Répétez l'opération avec le reste des œufs battus.

7 Faites cuire les asperges à l'eau bouillante pour qu'elles soient juste tendres et brillantes. Passez-les sous l'eau froide dans une passoire. Égouttez-les et coupez-les, bien en biais, en tronçons de 5 mm d'épaisseur.

8 Mélangez les graines de sésame au riz.

9 Disposez le riz à la cuillère sur des assiettes. Répartissez d'abord les champignons, les carottes et les asperges, puis disposez les rouleaux d'omelette, les crevettes et les œufs de saumon. Parsemez d'aneth et ajoutez éventuellement quelques rondelles de radis avant de servir.

• **Si vous avez aimé cette recette, essayez les makis au tempura de crevettes, page 44.**

POUR 4 PERSONNES
PRÉPARATION : 45 MIN + TEMPS DE PRÉPARATION DU RIZ
+ TREMPAGE : 4 H + CUISSON : 15 À 20 MIN

5 shiitakés séchés • 1 cuill. à café de mirin • 1 ½ cuill. à soupe de fécule de maïs • 4 gros œufs • 4 gros jaunes d'œufs • 1 cuill. à café de sel • 1 cuill. à soupe d'huile de tournesol • 3 cuill. à soupe de graines de sésame noir • 1 portion de riz vinaigré (recette page 6) • 8 brins de ciboulette pour lier les aumônières

SUSHIS AUMÔNIÈRES EN OMELETTE

1 Faites tremper les shiitakés pendant 4 heures dans de l'eau chaude. Égouttez-les et réservez le liquide de trempage.

2 Dans une petite casserole, portez à ébullition les champignons dans leur eau de trempage à feu moyen. Ajoutez le mirin. Retirez du feu et laissez-les refroidir dans le liquide. Émincez finement les shiitakés.

3 Dans un bol, délayez la fécule de maïs dans 4 cuillerées à soupe d'eau. Ajoutez les œufs et les jaunes, le sel, et mélangez bien.

4 Faites chauffer l'huile dans une poêle de 18 cm de diamètre. Versez juste assez d'œufs pour en recouvrir le fond et faites cuire jusqu'à ce qu'ils soient juste pris. Retournez l'omelette et faites cuire l'autre côté. Glissez-la sur une assiette. Répétez l'opération avec le reste des œufs de manière à obtenir 8 omelettes fines.

5 Faites griller les graines de sésame pendant 2 ou 3 minutes dans une petite poêle à feu moyen. Mélangez-les au riz et aux champignons.

6 Prenez 1 poignée de riz et façonnez une boule. Placez-la au centre d'une omelette et remontez les bords en formant une petite bourse. Répétez l'opération avec le reste des ingrédients.

7 Liez l'ouverture des aumônières avec les brins de ciboulette, puis disposez-les sur un plat.

• Si vous avez aimé cette recette, essayez les sushis inari au riz complet, page 104.

POUR 4 À 6 PERSONNES
PRÉPARATION : 30 MIN

POUR LA SAUCE MISO ROUGE

2 cuill. à soupe de miso rouge • 1 cuill. à soupe de sucre extrafin • 1 cuill. à soupe de mirin • 1 ½ cuill. à café de vinaigre de riz • 1 cuill. à café d'huile de sésame • ½ cuill. à café de moutarde forte • 1 ½ cuill. à café d'huile de colza

POUR LES SASHIMIS

500 g de filets de thon extra frais • 3 cuill. à soupe de graines de sésame blanc légèrement grillées • 3 cuill. à soupe de graines de sésame noir

POUR SERVIR

50 g de pousses de petits pois • 50 g de pousses de cresson • 50 g de gingembre au vinaigre déchiré avec les doigts

SASHIMIS DE THON À LA SAUCE MISO ROUGE

1 Préparez la sauce miso rouge. Fouettez tous les ingrédients dans un petit bol jusqu'à obtenir une belle émulsion.

2 Préparez les sashimis de thon. Avec un couteau parfaitement aiguisé, coupez le thon en lamelles de 5 mm d'épaisseur, en inclinant la lame.

3 Mélangez les graines de sésame et étalez-les sur une assiette. Posez les bords de chaque lamelle de thon l'un après l'autre dans les graines de sésame pour entourer le poisson d'une fine couche croquante.

4 Disposez-les au fur et à mesure sur des assiettes, en les faisant se chevaucher légèrement.

5 Placez les pousses de petits pois sur le thon, répartissez celles de cresson et décorez de gingembre. Versez la sauce avant de servir.

Les **sashimis** sont de fines tranches de poisson, très frais et d'extrême qualité, servies crues. Ils diffèrent des sushis, car ils ne contiennent pas de riz. Les sashimis sont si beaux à présenter avec un assortiment de sushis que nous en avons inclus ici quatre recettes, pour que vous puissiez les servir en même temps.

Si vous avez aimé cette recette, essayez les sashimis de daurade aux agrumes, page 126.

ASSORTIMENT DE SASHIMIS

POUR 4 À 6 PERSONNES
PRÉPARATION : 45 MIN + ÉGOUTTAGE : 3 OU 4 H + MARINADE : 1 H

250 g de filets de maquereau extra frais, avec la peau • 100 g de gros sel • 8 cuill. à soupe de vinaigre de riz • ½ cuill. à soupe de sucre • ½ cuill. à soupe de mirin • 250 g de filet de daurade extra frais, sans la peau • 2 ou 3 fines rondelles de citron • 250 g de filet de thon extra frais • 250 g de filet de saumon extra frais

POUR SERVIR

feuilles de shiso fraîches • daikon râpé • rondelles de radis • concombres finement émincés • ciboulette hachée • wasabi en pâte

1 Étalez les filets de maquereau dans un grand plat creux et recouvrez-les de gros sel. Enrobez-les délicatement sur toutes les faces. Placez-les ensuite dans une large passoire et laissez égoutter 3 ou 4 heures.

2 Rincez avec soin pour retirer tout le sel, puis épongez avec du papier absorbant.

3 Mélangez 2 cuillerées à soupe d'eau, le vinaigre, le sucre et le mirin dans un grand bol, et remuez jusqu'à ce que le sucre soit complètement fondu. Mettez le maquereau dans cette marinade et laissez reposer 1 heure ; la chair va blanchir.

4 Sortez le poisson de la marinade et ôtez délicatement la première peau transparente. Laissez juste celle aux reflets argentés.

5 Posez le maquereau sur une planche à découper et passez votre doigt en surface pour repérer les arêtes. Retirez-les avec une pince.

6 Coupez les filets en tranches de 5 mm d'épaisseur. Disposez-les sur des assiettes.

7 Posez la daurade sur une planche et retirez les arêtes de la même manière. Coupez la chair en lamelles identiques et disposez-les sur les assiettes avec le citron.

8 Coupez le thon en petites tranches de 5 mm d'épaisseur et 5 cm de long. Placez-les à côté.

9 Coupez le saumon comme le thon, puis disposez-le à son tour sur les assiettes.

10 Décorez de shiso, de daikon, de radis, de concombre, de ciboulette et de wasabi.

• Si vous avez aimé cette recette, essayez les sashimis de thon à la sauce miso rouge, page 120.

SASHIMIS DE DAURADE À LA SAUCE AUX PRUNES

POUR 4 À 6 PERSONNES
PRÉPARATION : 45 MIN + CUISSON : 10 MIN

4 prunes au vinaigre dénoyautées • 25 cl de saké • 500 g de filet de daurade extra frais • 1 botte de ciboule (ou tiges d'oignons nouveaux), les tiges raccourcies • 2 ou 3 cuill. à soupe de ponzu au jus d'agrumes

POUR SERVIR

pousses de cresson • feuilles de shiso fraîches • quartiers de citron • spirales de carotte • graines de sésame blanc

1 Mettez les prunes et le saké dans une casserole. Portez à ébullition à feu vif, puis baissez le feu et laissez mijoter pendant 10 minutes.

2 Versez le liquide de cuisson dans un bol en le filtrant à travers une passoire fine. Réservez jusqu'au moment de servir.

3 Coupez la daurade en tranches rectangulaires, fines et régulières.

4 Préparez des petites bottes de ciboule un peu plus longues que la largeur de ces rectangles.

Enroulez chacune dans une lamelle de poisson, en laissant dépasser les extrémités.

5 Disposez les sashimis sur des assiettes et arrosez-les d'un peu de ponzu. Décorez de pousses de cresson, de shiso, de citron et de carotte. Servez la sauce dans une coupelle avec les graines de sésame.

La chair blanche délicate de la **daurade** est idéale en sashimi. Mais le poisson doit être d'une extrême fraîcheur et d'excellente qualité pour le meilleur résultat.
Le **ponzu** est une sauce acidulée et citronnée japonaise à base de sauce de soja, de vinaigre et de jus d'agrumes, principalement le yuzu.

Si vous avez aimé cette recette, essayez les sushis chirashi de la mer à l'avocat, page 110.

POUR 4 PERSONNES
PRÉPARATION : 30 MIN + CUISSON : 30 S

POUR LA SAUCE AUX AGRUMES

4 cuill. à soupe de sauce soja • 4 cuill. à soupe de jus de pamplemousse frais • 4 cuill. à soupe de jus de citron frais • 2 cuill. à soupe de vinaigre de riz japonais

POUR LES SASHIMIS

350 g de filet de daurade extra frais, sans peau et sans arête • 1 gousse d'ail émincée • 1 morceau de gingembre frais de 2,5 cm, finement haché • 2 oignons nouveaux finement émincés • 1 piment rouge finement haché • 1 piment vert finement haché • 1 cuill. à soupe de sauce soja • 1 cuill. à soupe de jus de yuzu ou de pamplemousse frais • 2 cuill. à soupe d'huile d'arachide

POUR SERVIR

quartiers de citron • daikon finement râpé • petites feuilles de salade verte

SASHIMIS DE DAURADE AUX AGRUMES

1 Préparez la sauce aux agrumes. Dans un bol, réunissez tous les ingrédients et fouettez pour bien les homogénéiser.

2 Versez la sauce dans un autre bol ou un récipient adapté et couvrez jusqu'au moment de servir.

3 Préparez les sashimis. Coupez la daurade en fines lamelles et disposez-les en rosace sur des assiettes.

4 Dans un bol, mélangez bien l'ail, le gingembre, les oignons et les piments. Répartissez harmonieusement le mélange sur le poisson.

5 Arrosez uniformément la daurade de la sauce soja, du jus de yuzu et de la sauce aux agrumes.

6 Faites chauffer une petite casserole à feu vif. Quand elle est bien chaude, versez-y l'huile. Attendez environ 30 secondes qu'elle commence à fumer, puis versez-la délicatement sur le poisson pour le saisir légèrement en surface.

7 Décorez de quartiers de citron, de daikon et de petites feuilles de salade avant de servir.

Le **yuzu** est un agrume dont le goût évoque à la fois le citron, le pamplemousse et la mandarine. On le trouve difficilement en France.

Si vous avez aimé cette recette, essayez les sashimis de daurade à la sauce aux prunes, page 124.

LISTE DES RECETTES